新聞少年が一代で4903世帯の大家になった秘密の話

大川護郎
Goro Ookawa

ぱる出版

まえがき

読者の皆さん、はじめまして。

私は兵庫県姫路市に住む不動産オーナーで、大川護郎と申します。

世の中には不動産投資の指南書が溢れています。そして、個人投資家による自分の成功談を綴った書籍もたくさん見られます。

もうすでに不動産投資の手法は出尽くしていますし情報は飽和状態です。そのような中で、私が書籍を出す意義があるのか——ということも考えました。

私は23歳のときに初めて収益不動産を購入しました。

そして、45歳の今、４９０３世帯の物件を所有しています。総収入は月間で4億８０００万円（年間約57億６０００万円）になります（２０１８年6月現在）。

私がこのように不動産投資を続けられるのも、すべてはまわりにいる人たちのおかげです。

とくに妻には多くの迷惑をかけています。とんでもない借金の保証人になってもらっており、これがなければ私の賃貸事業は成り立ちません。

その他、私を支えてくれた人たち。義弟や従業員の皆様にはいつも感謝の念しかありません。私がどれだけ無茶をしても、ついて来てくれる……本当にありがたい限りです。

それから私の物件に住む入居者さん、金融機関や不動産関連の業者の皆さん。この方たちも当然、いなければならない存在です。

私を応援してくれる人たちすべての皆さんに感謝を捧げたいと思います。


いきなり謝辞から始まる書籍というのは珍しいかもしれません。しかし、今回の書籍の話をいただいたとき、ただ自分の武勇伝を並べるような内容にだけはするまいと誓いました。

そして、最初に読者の皆さんに伝えたいと思ったのは「感謝の言葉」だったのです。

不動産投資というものは、自分一人だけではできません。配偶者を含めたくさんの人とのかかわりがあって成り立つものです。

衣食住の〝住〟という、人の生活に密接に結びついています。それを事業にするのですから、人との結びつきが大切なのも当然といえます。

それを踏まえたうえで、本書は不動産投資を行なうにあたって、私から読者の皆さんにお伝えしたいことをまとめました。

「やってはいけないこと」「知っておくべきこと」「なすべきこと」という非常にシンプルな内容となっています。

本書が読者の皆さんの一助になれば、著者としてこれほど嬉しいことはありません。

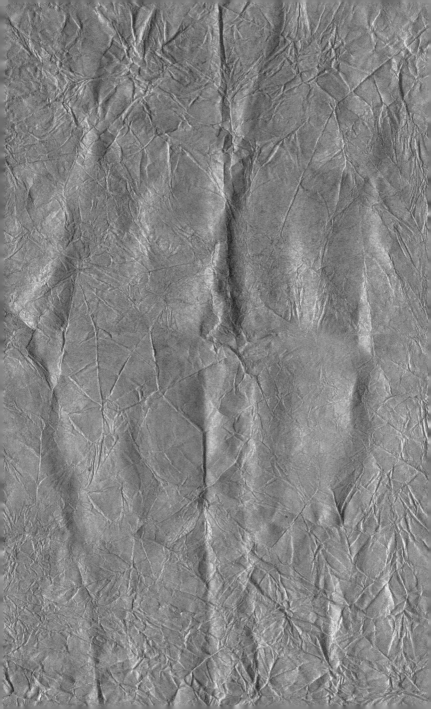

新聞少年が一代で4903世帯の大家になった秘密の話

もくじ

第1章　絶対にやってはいけないこと
～失敗する人がよくやってしまう投資例～

第2章 当然、知っているべきこと
～投資家なら知らないではすまされない常識～

第3章

見過ごすと危険なこと
～本当にあった酷い話 10例～

第4章

絶対にやるべきこと

～成功するためには避けて通れない必須事項～

第5章

新聞少年が4903世帯の大家になるまで
～夢を実現させるために、やり抜いてきたこと～

カバーデザイン▼EBranch 冨澤 崇
本文デザイン▼Bird's Eye

第1章

絶対にやってはいけないこと

～失敗する人がよくやってしまう投資例～

なぜ駅前のワンルームを買ってはいけないのか

代表的な不動産投資の失敗例を挙げるなら、「不動産屋の言いなりになって買ってしまった」ケースでしょう。

また、「不動産投資本に書いてあることを鵜呑みにして失敗した」という例も珍しくありません。

典型的なのが駅前の狭小ワンルームマンションの購入です。先生と呼ばれるような年収が高くて仕事で忙しい人たちを対象にしており、所得税が還付できると謳ってはいるものの、実際は管理費も修繕費も負担せねばならず、新築で買ったときが最高家賃であるため、後にお荷物物件になる可能性が高いといえます。

一般的にいえば、「駅前の物件は競争力がある」と思われています。しかし実際は、ライバルも多いので、空室リスクが低いわけではありません。

いずれにせよ、ある程度の戸数を持つことでリスクヘッジができます。

理想をいえば、1部屋の平米数ができるだけ広い物件がよいでしょう。そして、家賃下落を想定しておき、収支がマイナスになる物件は買うべきではありません。


不動産を所有することを前提に考えた場合、基本的に駅前の木造新築ワンルームは最悪です。これは不動産屋が儲けるための物件です。

駅前という好立地にあり、見かけの利回りも非常に高く新築なのに利回り9〜10%です。これを読んでいる皆さんも、ちょっと買ってみたいと思いませんか？

しかし、利回り9〜10%といっても、それが最大家賃です。それが新築の最もたる欠点です。最大家賃が買った瞬間で、あとは下がる一方。しかも地方の木造は下がるスピードが早いです。

私の管理データからすると、ワンルームの平均入居期間は1年3カ月です。1年3カ月ごとに広告料がかかるし、入れ替えの度に家賃が下がります。リフォーム代も発生しますし、近隣に競争相手の物件が増えている可能性もあります。

首都圏でもそのような新築木造アパートが流行っていると聞いたことがあります。

繰り返しますが、新築ワンルームアパートは不動産屋が儲けるための商品です。「駅前」「木造」「新築」というキーワードで売りやすいのです。

新築区分マンションも新築木造ワンルームアパートも、どちらも一緒で買ってはいけない物件です。

不動産投資ではとにかく広い物件を買うことが鉄則です。大は小を兼ねるけれど、小が大を兼ねることはないのです。

今、駅前のワンルームで利回り10％あったとして、10年後にこの家賃で入るのかを検討する必要があります。

皆さんの投資エリアはどうか知りませんが、少なくとも私のエリアであれば、基本的に家賃は半分に下がります。新築で6万円だった物件は、10年経ったら家賃は3万円に下がります。

「その家賃で借金が返せるのか？」ということです。利回り9～10％だったのが、利回りが4・5％に下がったら払い続けるのは難しいでしょう。

「自分は金利2％だから大丈夫！」と思うかもしれませんが、変動金利のリスクもあります。

少し前までの不動産投資のトレンドは、「頭金ゼロで物件を買う」というハイレバレッジを好みました（現在、金融機関はそこまで開いていません）。

フルローン、オーバーローンについて「危険だ！」という人もいますが、私は返済ができれば問題ないと思います。

家賃の下落、修繕費、広告費、あらゆる出費に耐えられるのであれば、どれだけハイレバレッジでも構いません。

どちらかといえば私は、その物件が将来的にしっかり回っていくか否かを重視しています。そのため競争力のないワンルームを避けるべきと考えています。

都会のリスクがもっとも高い!?

私はよく「ワンルームには手を出してはいけない」と言いますが、15平米も満たない狭小ワンルームはリスクが高く、100平米レベルの広いワンルームなら需要があると考えます。

もちろん、よく見かける中古の3点ユニットの狭小物件は、利回り30%以上でない限り避けるべきです。

ちなみに、家賃3万円の物件が東京・大阪・姫路にあったとして、「どれが一番お得ですか?」と聞かれた場合、皆さんならどう答えるでしょうか。

私は迷わず「姫路」と答えます。

普通であれば、東京を選ぶかもしれませんが、私は都市のリスクが最も高いと思っています。私からすると、東京や大阪といった都会の物件は需給バランスが崩れているように感じます。都市は土地値が高いため、同じ家賃でも姫路のほうが広い部屋を購入できます。

私は、大阪市内にある某区が世界一安いワンルームだと認識しています。

3点ユニットのワンルームは、新幹線が停まる新大阪の駅から近いにもかかわらず、非常に家賃が低いです。築古ならワンルームで2万円以下の物件も珍しくありません。

対して、東京23区の家賃水準は高いです。3万円以下の物件は探せば見つかりますが、「風呂なし・6畳」というイメージです。一般的な狭小ワンルームの価格帯は4~5万円くらいでしょう。これがJR山手線の駅や山手線の内側になれば、もっと高い家賃がつきます。

そもそも東京に住む人は地方よりも平均年収が高いので、高スペック・好立地の物件が好まれます。しかし、そのような物件は金額も高く利回りも低いものです。

23区でよくあるのが、大きな幹線道路沿いに背の高いマンションが建てられ、周囲100メートル圏内に100件以上ライバルがいるというケースです。

実際、都心に区分物件を持っている投資家の話を聞いても、いくら「立地が良いから」といって競合も多いので、客付けがラクというわけではないようです。

そんなわけで私は「都市が良くて地方はダメ」というロジックは妄想だと考えています。

今後は人口減少が加速する一方で、より格差が広がるため、満室経営ができていたマンションでも、10年後に勝ち残るのは難しいのではないでしょうか。

管理会社への丸投げは厳禁

管理会社の物件管理においても失敗が多発しています。

私も正にそうですが、今よりもずっと小規模のときから、所有物件が1000

件くらいになるまで任せていた管理会社がありました。その会社と共に成長したような関係ですが、その会社は自社でワンルームを開発するようにまでなりました。ただ、満室になるまで1年がかりのようでした（私の物件は、建った瞬間に満室なっていましたが）。

その管理会社は運営がうまくいくようになったら社員に福利厚生という名目で慰安旅行などをして、大家の許可もなしに3日間も連絡が取れない状況になりました。このように、経営が安定してくると、私の物件をないがしろにするようになったのでした。

こういったケースは決して珍しくありません。

また、客付けの強い管理会社を謳っている場合には、管理には力を入れていない例もよくあります。客付け営業マンの報酬は基本給プラス歩合給の人が多く、部屋を決めてしまえばアフターフォローが手薄になりがちです。

そうした管理会社に物件管理を丸投げした結果、空室だらけの荒れた状態に陥ってしまうこともあります。

シェアハウス投資に手を出してはいけない

これだけは手を出してはいけない不動産投資の一つとして、「シェアハウス投資」が挙げられます。

私が知る限り、シェアハウス投資で成功しているのは、東京で外国人をターゲットにしたものだけです。それ以外に成功している人を見たことがありません。シェアハウスは基本的に団体行動、集団生活です。これらは基本的に日本人の概念に合いません。もともと他人同士で住めない性分なのです。

昔は「下宿」というものもありましたが、そのようなものが今の生活に見合うと思いますか？　そもそもシェアハウスに住む最大の理由は、「家賃が安くなるから」「何も持たなくて明日から住めるから」です。

彼ら彼女らも同じ家賃でワンルームマンションに住めるのなら、必ずそちらを選ぶはずです。

東京の事情は知りませんが、シェアハウスに3万円を出せるなら、姫路では場所、古さを問わないのであれば2DKの物件に住むことができます。

外国人をターゲットにするとまた事情が違うかもしれませんが、シェアハウスは日本の風土に馴染まない文化です。

日本人は、誰よりもプライベートな場所・時間を大切にします。それがシェアハウスだと狭小な部屋であったり、なかには1部屋に2段ベッドを置いてあったりするケースもあります。これでは多少なりともストレスを感じるはずです。

また、シェアハウスは住民同士の交流を「ウリ」にしているのですが、実際のところ集団生活においてはトラブルがつきものです。

女性専用シェアハウスはもちろんのこと、男女混合であっても、外国人主体であってもコミュニティの管理はそう簡単にはいきません。ゴミ捨てのマナーから水回りの使い方、クレーム対応などアパート、マンションとはまた違った苦労があります。

その辺を十分に理解して行なっているのであればいいかもしれませんが、そのほとんどが収益性に魅力を感じて安易に始めています。

そして、コミュニティ管理の難しさ、そもそも管理委託料が一般のアパート・マンションが3%~8%のところ、20%や30%というところも多く、入退去も頻繁です。その結果、思ったよりも儲けが出ないと嘆いているオーナーも少なくありません。かといって自分で運営したところで、その手間を考えると採算は合いません。

そもそもシェアハウス投資は、今問題になっている〝かぼちゃの馬車〟のように、相場よりも高額な家賃を設定して、無理に経営しているケースがあります。つまり、投資としての成果がほぼ出ないというわけです。

正直なところ、都会の物件で管理を外注せずに済むのなら、投資として成立するかもしれませんが、そうでないのなら管理費を支払うと手残りは少ないでしょう。

危険すぎる民泊投資

また、最近話題の民泊に関しても私は懐疑的です。

民泊とは空いている部屋を旅行者に貸し出すビジネスです。それは自宅の一室でもいいですし、1世帯をまるまる貸すケースもあります。

所有物件を合法の旅館業である簡易宿泊所に変えていく努力はいいと思うのですが、大半の投資家はAirbnbに登録して転貸をしていました。そのためヤミ民泊が大量発生して社会問題となりました。

さらに、大阪の西成地区で起きたトラブル（2018年2月、兵庫県三田市の女性会社員が所在不明となり、スーツケースに入った女性の頭部が大阪市西成区の宿泊施設で見つかった）のように、何か問題が起きたときの責任は大家が負うわけです。ゴミの処理や近隣とのトラブルもすべて大家が対応します。

ですから、利回りが高いからといって安易に手を出すと痛い目に遭います。

また、最近は民泊の人気エリア周辺にホテルが乱立しています。当然、ホテルと勝負しても勝てる見込みはありません。わずか2000円、3000円で泊まれる宿もありますし、楽天トラベル等で検索すると、条件付きながら1泊1円というところもあるほどです。

需要と供給のバランスから、これまで「ホテルの数が少ない」と言われてきましたが、今後はどんどん空室が増えると思います。

京都のある業者は、合法の簡易宿泊所を新築として販売していますが、これはシェアハウスと似ており、管理代行で50%近く手数料がかかります。つまり、自分で管理するのならいいかもしれませんが、外注するのであれば投資として成り立つ可能性は非常に低いといえます。

簡易宿所営業、特区民泊など合法であればいいのかといえば、そうともいいきれません。私の知り合いの投資家が、正月に大阪の特区民泊に泊まったところ、新しいマンションにもかかわらず、1人3000円だったそうです。

1日3000円であれば1カ月で9万円です。複数人で宿泊すればもっと大きな利益となります。大阪だと、1カ月のワンルーム家賃は約4万円ですが、管理費・修繕費を引いたうえで、管理運営費やクリーニング費を引いたら、結局のところ普通賃貸と変らないのではないでしょうか。

聞けば、その物件はまだ新しいRC造マンションにもかかわらず、民泊の利用が多く、スーツケースを引いた旅行者が始終出入りして、入口がゴミで溢れていたそうです。こうなれば、普通賃貸の入居者はなかなかいつかないでしょう。

いずれにしても前述した西成地区の事件を受けてから、投資家の意欲はかなり減退したように感じます。

実は、こういったケースは珍しくありません。私の友人の民泊の物件でも自殺が2件あったそうです。普通賃貸で何年も居住するなかでの自殺であればまだしも、たったの一、二泊での自殺というのはリスクが高すぎるように感じます。

また民泊で運営している部屋は、外国人旅行客の出入りが多くなり、静かに暮らしたい日本人の住民は退去していきます。そうなると、完全に民泊としての運営しかできなくなってしまいます。もしくは全空物件と捉えて、また一から入居付をしていかなければなりません。

このように、高利回りといわれる民泊も致命的なリスクをいくつも孕んでいると私は感じています。

よくやってしまう売却における失敗

私はキャピタルゲインを目指している人は、売却できたらもう二度と買うべきではないと思っています。

私の場合、2018年6月末現在で約442億円の融資を借りています。もしも物件を売却したらいくら残るのかは計算したことはありませんが、一度売却したら私は二度と不動産投資をしません。再び手を出すとしても、相場が劇的に下がったときだと思います。

ただ、私は意志が弱い人間です。32歳のときにタバコをやめたのですが、なぜやめられたかというと、妊娠中の妻がタバコを止めなかったので、夫婦で一緒に禁煙をはじめたのです。今も吸っていませんが、一度吸ったらまた元に戻ってしまうと思います。それくらい意志の弱い人間なのです。

多くの成功者は億万長者になったといってますが、それほど珍しいことではありません。当初一つしか物件を持っていない人でも、億万長者になれることは実際にあるのです。

例えば、私が姫路駅から徒歩1分の立地に2億円で購入した物件（ビル）は、10年後の現在では、10億円になるまで高騰しています。

これには融資の評価も当然出ますから、2億円くらいでしたら誰でも買えるわけです。逆に言うと、私が買った当時には、買おうとする人が少なかったからこそ安かったのです。

そういった物件は、現在マンションデベロッパーやホテル業者が購入していま
す。

もちろん、いま高値で売れる物件は、売ってしまえば儲けられるでしょう。しかし、私はあえて避けているのです。

私は一般の投資家のように「キャッシュを残したい」という目標ではなく、「家賃をゼロにする」というイレギュラーな目標を掲げています。そのため、金融機関が融資をしてくれるのならどんどん買い増しをしていきたいと思っています。

とはいえ、一般のサラリーマン大家さんにおいても、購入時よりも値上がりしたからといって安易に売却すべきではないと思っています。25年で融資を組めたなら、25年で返すべきだと私は考えます。

よく購入後2、3年で売ろうとすれば、金融機関から嫌な顔をされる話を聞きます。最近はこうした人が増えているようですが、だからこそ金融機関は解約金を取るようになったわけです。「5年以内に売却したら融資額の最大5％のペナ

ルティが発生する」という金融機関もあります。つまり、融資額の残りに対して3億円の物件なら手数料1500万円が発生するということです。

そういった計算をせずに売却をして失敗する人もいます。なかには、不動産取得税が来る前に売るというツワモノもいます。

少し前までの不動産投資のトレンドは、「頭金ゼロで物件を買う」でした。それでも返済ができれば問題ありません。仮に家賃が3万円に下落しても大丈夫ならフルローン、オーバーローンでも問題ありません。

家賃の下落、修繕費、広告費、あらゆる出費に耐えられるというのであれば、どれだけハイレバレッジでも大丈夫です。狭い物件を避けて広い物件から買えばいいと思います。

そうして、末永く物件を保有して運営することをオススメします。

物件を売却してはいけない

私は不動産投資を始めた初期のころから、「売却をしてはいけない」と考えています。

不動産を売却するのは、不動産投資をやめるときと決めているからです。

また、規模が大きくなるほど潰れる可能性が低くなります。私の周りでも、200戸以上持っている投資家で潰れている人はほとんどいません。

ただ、一般的には本に影響されて売ってしまう人が多いので、ビッグオーナーになることが少ないのです。

最近、売却のことを考えて高家賃にこだわるオーナーもいますが、保有するのであれば、高稼働物件のほうが絶対にいいです。

高い家賃で空室期間が続くくらいなら、八掛けの家賃でさっさと埋めてしまったほうがいい。そうやって決めた入居者はずっと入居してくれて、そのほうが圧倒的に儲かります。

以前、会員さんから「新築ワンルームを転売目的で買おうと思っている」という相談を受けました。30年ローン、金利1％の融資を借りるといいます。

もちろん私は「その融資条件であれば手残りがあるでしょうが、将来のことを考えたらやめたほうがいいですよ」と諭しました。

売買時の税率が下がる（長期譲渡になる）のは5年目以降ですが、そのタイミングで購入時よりも高く売れることはまずありません。

転売目的で物件を売買する人は、常に安く買って高く売ることを考えています。

例えば1億5000万円の物件を買って2億円で売ろうとしています。その差は5000万円ですが、こうしたキャピタルゲインの戦略は続くわけがありません。

これは意外と思われるかもしれませんが、私が知る限り、キャピタルゲインを得続けている投資家は本当に一握りです。相場にはいつか転機がきますので、今がよくても長期的に見ればリスクがあるともいえます。

それにもかかわらず、東京都心の物件を低利回りで買っている人は、キャピタルゲインを見込めると思っているから買うわけです。

そうした中には、売却で利益を確定させて、手持ちの現金を厚くしている投資家もいます。

しかし私は、そのキャッシュを再び投資に回さないのならいいと思うのですが、また物件購入に使ってしまうと、いつまでも不動産投資からは離れられず、いずれ破綻してしまうのではないかと懸念します。

例えば、10年前に1億円で購入した物件には、当時1億円の融資がついたはずです。

それを2年後に1億5000万円で売却すれば、単純計算で5000万円の利益が残るわけです。

次に1億5000万円の物件を買おうとしたときに、1億円の融資しかつかなければ、手にした5000万円の利益を物件購入に使ってしまう計算となります。

では、その物件が無事2億円で売れたとしましょう。再度5000万円の売却益を手にしても、また次の物件を買うのに手金を使ってしまえば、またキャッシュを失います。

その時々で市況が変わりますから、常に利益が出るように売買を順当に繰り返すことは難しく、このように得たキャッシュをどんどん使ってしまうことになります。

私が所有している大阪の物件でも、10年前に1億円で購入したのですが、今は5億円になっています。でも、今はローンがつきません。つまり買い手が見つからないので売れないのです。

他にも、3年半前に5億円で購入した物件に、先日7億円で買いたいという話があったのですが、私は売りませんでした。次に7億円で同じスペックの物件を購入できる自信がないからです。

儲けが出たからといって安心してはいけない

目先のお金に眩むことは避けましょう。不動産投資はより長い視点で物事を見極めることが大切です。

儲けばかりにこだわりがちですが、その先のプランニングはきちんとつくるべきです。

今、大家さんは全体的に派手になっている印象を受けます。かつての大家といえば、もっと地味なイメージがあったのですが、今はそうでもないようです。

高級車を買ったり、高級時計をしたり。「はたしてこの人はどういう収入があるのだろう?」と思う瞬間も珍しくありません。

今は不動産の市況がいいので、前述したように、1億円で買った人が1億5000万円で売れたというケースは多くあります。しかし、今後も同じような状況が長く続く可能性は低いといえます。

なぜ、金融機関が素人に融資を出したのかといえば、そうでないと規模拡大が実現できないからです。

最近、私のもとに長らく離れていた不動産業者から連絡がよくあります。FAXはもちろん、メールや電話で物件情報を送って来ます。これは初めての経験です。

しかし、私は仲介手数料やその他の条件にしても、普通の投資家よりも厳しいことを言っています。それにもかかわらず、私のもとに物件購入オファーがくるということは、それだけ業界的に厳しいといえるのではないでしょうか。

いずれにしても、物件を売却することにハードルが上がっていることを感じています。ですからキャピタルゲインでの儲けを求めるのは、これからますます厳しくなっていくでしょう。

市況はいきなり逆転することを肝に銘じる

また、もう一つの興味深い話として、私には顧問弁護士が5人いるのですが、その人たちの話を聞く限り、リーマンショックの直前は自己破産者が急激に減ったそうです。

つまり、それまで数字上では好景気を感じられる場合、実は不景気へのシグナルであり、急に状況が逆転する可能性があるともいえるのです。

ここ数年も、年間の倒産件数は1万件といわれています。

一見、多いと感じる数字ですが、これまでと比較すると実はかなり少ないそうです。

したがって近い将来、大きな経済ショックが生じる可能性は十分にあると私は予想しています。

具体的に言うと、2022年よりも前に起こると思っています。

そうなったとき金融機関は手のひらを返すかもしれません。

私は不動産を所有したほうがリスクは少ないと考えているのですが、金融機関はその逆で、不動産を持つことがリスクと考えています。それゆえに金融機関からすれば、不動産を所有する人ではなく、借財なしで現金をたくさん持っている人に貸したいのです。

それゆえ、私のような人間は前例がないため多くの金融機関から煙たがれています。

すでに金融機関が引き締められていると言われていますが、今後もっと景気が冷え込んで、より厳しい状況が訪れる可能性があると考えています。

将来性のない物件の見方

本書の冒頭でも述べましたが、狭いワンルームになると10平米というものもあります。そういった物件を購入してはいけません。ただし、東京は狭小物件がこれ以上新築させないように規制する「ワンルーム条例」があるため、築浅の物件で狭すぎる物件はないようです。

ちなみに私は駅前の物件をあえて買いません。その理由は、最終的に解体することになったときに土地が狭いため、その土地を活かせるような選択肢がないからです。

とはいえ、こうした物件を土地値で買えることもまずないわけです。

これが郊外だと同じ価格でも土地が広くなり、一度壊して違う物件を建てることも可能です。

私は「大は小を兼ねるが、小は大を兼ねない」という考え方です。家賃は安く、部屋が広いほど入居期間は長くなる。これは確実にいえます。

利回りが高くても特殊経費がかかる物件は多く存在します。例えば、雪国だと10部屋に対して25台の駐車場があったなら、融雪《ゆうせつ》をするだけで毎月20~25万円かかります。

加えて、雪置き場がないと住民が不便になるので、駐車場プラス雪置き場が必要になる場合も多いです。

また海沿いの物件だと、塩の影響が大きいといえます。同じ太陽光でも、山の近くにある物件よりも、海に近い物件のほうが特殊なコーティングを施さなければいけないため高額になります。

ほかにも、兵庫県芦屋市にあるような超高級住宅街においては自治会費が高くなります。

このように、エリアごと何かしらのデメリットはあるものですが、こういうことは買ってみないとわからないのです。

ですから、まずはワンルーム以外の物件を買ってみることが大切です。

ワンルームや特殊物件は詐欺師集団が騙して売りやすい物件です。言い方は悪いですが、そのようなビジネスだと思っています。

基本、新築は避けるべき（安定家賃であれば検討）

最近は、融資が出やすいからという理由で、新築投資がとても流行っています。

新築を買ってはいけない理由はとてもシンプルで、「家賃下落のリスクが高いから」です。

新築は家賃がピークの状態で買うことになるので、その後の下落幅は中古よりも大きいですし、投資として安定しないと感じています。

新築物件に対して「10年はメンテナンスの手間がかからない」「空室リスクが低い」ということを謳う業者もいますが、どんな物件であれ、瑕疵担保保険という10年間の保険がついています。よく問題が発生しがちな設備は、エレベーターや電気系統、浄水槽などです。

家賃の下落は、想定できていれば、問題ないと思います。

最も家賃が下がらないのは、築10年目以降の物件です。つまり、新築と築5年を比較すると家賃差は大きいですが、築18年と23年だったら家賃差はほぼありません。

むしろ入退去が繰り返されることによる経費のほうが経営的にダメージは大きいです。

入居付けに経費がかかることは意外と知られていないため、購入後に驚く人も珍しくありません。私のもとに来る人で、失敗している人の大半はこのパターンです。

あまりお金がない状態でスタートしているので、想定外の出費に焦ってしまうのです。

やってはいけないことをしてしまったら……

ここ数年は、不動産投資が過当競争になっています。

トラブルになった新築シェアハウス「かぼちゃの馬車」では、その融資付はもちろん、一括借り上げに対しても、数多くの不安要素がありました。

大手アパートメーカーがいい例ですが、投資家はお金を払って建てるだけでなく、管理運営までも半永久的に依存しなければなりません。歪な投資例だと思います。

私は「最高と最低を常に考えておこう」というテーマでよく話します。

投資は何が起きるかわかりません。「今はちょうどいいな」と思った矢先、計画が崩れることもあります。

もしも収益性の低い物件を買ってしまった。事故物件になって家賃収入が下落してしまったなど、窮地に追い込まれてしまった場合、どうすればいいのでしょうか。

まず検討すべきなのは、売却して手仕舞いにすることです。

しかしながらそれは容易ではなく、人によっては破産を考えるかもしれません。

ただ私は、すぐに破産という選択肢をとるのはオススメしません。

金融機関とも話し合いをしなければなりませんし、何より満室にできる方法が見つかるかもしれないからです。

そういった打開策をなんとか見つけるのが私のやり方です。

やってはいけないことは、なるべくしないに越したことはありませんが、もし、してしまったら、諦めずにどうにか他の道はないのかを模索しましょう。

第2章

当然、知っているべきこと

～投資家なら知らないではすまされない常識～

急拡大したサラリーマン投資家への懸念

この1、2年で急拡大して資産数十億円と声高にアピールしている投資家が最近増えていますが、私はすごいとはまったく思いません。スピード重視になり過ぎていて、それ以外は思考停止になっている気がするのです。

そういった投資家は、「こういう物件だったら、この金融機関が融資をしてくれる」と考えて、金融機関に合わせた物件を選び、日本全国で物件を買い漁っています。

選ばれた物件が良い物件であればいいのですが「金融機関評価の良い物件」が必ずしも良い物件とは限りません。どちらかというと物件を買わせたいと考える不動産業者のカモになっている図式です。

これは「多法人スキーム」と呼ばれるもので、属性がよくなければ実践できないスタイルです。

例えば、年収1000万円を超えるエリートサラリーマンであれば、その人の与信で何億円もの融資が引けるわけです。そして、法人を金融機関ごとに設立します。金融機関からすると債務が見えないので、それを同時に行ない、お金を借りていきます。また、法人の決算もすべてバラバラに行なっています。

東京の投資家が大阪に法人をつくり、その後、北海道、福岡に法人をつくり、それぞれのエリアの金融機関から融資を引くというイメージです。地銀は支店をもっているので、営業エリア内に入るのです。

こうした極めて特殊なスキームに対しては賛否両論があります。金融機関を騙していることになるから絶対にやめるべきという人もいれば、最速で規模拡大ができるので羨ましいという人もいます。

ただ、多法人スキームを実践している人から話を聞くと、書類の量が膨大になって、その対応だけでも忙しいということです。また、拡大ばかりに目がいきすぎて、ダメな物件を摑まされている人も多いようです。こうした人は「破綻予備軍」

と懸念されています。

一見、うまくいっている人も将来的にどうなるかはわかりません。良好な経営を維持してから法人を金融機関に見せていく、という方法が妥当だと思いますが、このスキームが流行ったのはここ2、3年の話なので、まだ何とも言えません。

そして最近は、多法人スキームに対して、金融機関も取り締まりを強めています。「事業の実態を開示してほしい」、「従業員がいなければ認められない」など、厳しくなっています。

不動産売買……購入にあたっての注意

まずどの会社で買うのかですが、知名度があり安心感のある大手の不動産業者は、クレームをいうと二度と付き合いができなくなることがあります。金融機関も同様ですが、大手の会社は稟議書に悪いことが書かれ、申し送りされるため気を付ける必要があります。だからといって媚びる必要はありませんが、そういう性質があることを知っておきましょう。

対して小さな不動産会社は、隙あらばこちらから利益を取ってやろうという姿勢があります。物件を売り逃げして責任を感じないのも同様です。

このように大手にしても中小の会社にしても、どちらが良い悪いとは一概にはいえません。ですから、どちらとも適当にお付き合いするのが良いのだと思います。

いずれにしても不動産を買う際の注意点でまず挙げられるのは、契約時に重要事項の説明がきちんと行なわれているかということです。説明する人は宅建の資格を持っていなければならず、何かあったら告知義務違反で仲介業者を訴えることも可能です。

私は宅建業を持っていないのですが、その理由は〝弱者〟でいたいからです。

不動産を売るつもりはないですし、宅建業を持つ同士になったときの揉め事も避けたいと思っています。ある新聞に私のことを、〝世界最強の弱者オーナー〟と書かれたこともあります。

もちろん、すべてのケースで瑕疵があったからといって訴訟するわけではありませんが、話し合いの立場を持つようにしています。

以前に私の購入したもので、室内から空が見えるようなボロ物件がありました。ただ、これは事前に説明を受けており、それ以上の瑕疵が見つかったら指摘したうえで金額の交渉をしていたはずです。

購入時の注意点について話をしてきましたが、私は基本的に「買って問題が出たら解決しよう」と考えるタイプです。

もちろん、購入に際しては必ず物件を確認する必要があります。

区分所有マンションなら、これまで入居していた人がどういう属性なのか把握します。入居率が悪い物件は、一つの例として同じマンション内に往々にしてクレーマーがいることが原因だったりします。こうしたことは、近隣の人に質問すればすぐにわかるでしょう。

区分所有マンションを選ぶときに大切なのは、自分なりの賃料基準を確実にクリアできるかということです。私の場合、例えば姫路であれば60平米で4万円なら絶対に貸せると確信していますので、その条件を満たす物件であることが大前提です。この条件は人によって様々だと思いますが、自分なりの基準を持つことが大切です。

木造アパートは、土地の値段（実勢価格）で買うことを基準に考えています。最高なのは路線価で、それがダメだったら実勢価格、そのあとは自分の妥協ラインで判断します。

このとき、土地値であることを重視しているので、建物の状態は気にしません。木造は何かしら悪いところがあるものなので、言い出したらキリがありません。対してRCや重量鉄骨の場合、「どこが危ないか」を見極めることが大切です。例えば、RCであれば新耐震基準（1981年6月以降）なのか旧耐震基準なのか、アスベストの有る無しなどリスクを把握します。

ちなみに私は、テナントや事務所は難易度が高いため、レジデンスをオススメしています。

また、築古の物件で融資の年数を伸ばすにはコストがかかりますが、鑑定評価を入れたり、「エンジニアリングレポート」などに準じて耐震工事を行ない耐用年数を60年まで伸ばす方法があります。

サブリースを過信しない

私は、サブリース（借上げ）については全面否定します。借上げには一長一短がありますが、借上げを行なう管理会社は「借りてやっている」といったように上から目線で接する会社が多いように思えます。オーナーもつい「借りていただいている」という気持ちになっています。

実際のところをいえば、儲からない物件に対して借上げはしません。

入居付けがしにくい物件であれば、1年で契約を打ち切りますし、逆に良い物件であれば10年借り上げるかもしれませんが、それはオーナーのためではなくて、自社が儲かるからです。彼らも慈善事業を行っているわけではないのですから、利益を追求するのは当然のことなのです。

借上げを「空室でも家賃収入が入るから安心だ」と魅力に思うオーナーは多いですが、常に利用できなくなる状況は常に頭に入れておかなければなりません。

繰り返しますが、サブリース業者は慈善事業をやっているわけではありません。儲かるからやっているのです。

彼らはおよそ家賃相場の8掛けの賃料を補償します。しかも、様々な免責があり、入居募集に必要な広告費はオーナーが払うなど、細かい出費があります。

そうであれば、最初から自分で相場賃料の8掛けで募集をすればいいのです。

そのほうが入居者も喜びますし長く入居してくれます。

家賃相場6万円の物件を、サブリースに任せれば毎月4万8000円しかもらえません。そこをサブリース会社が6万円で客付けしているのであれば、自分で4万8000円で貸し出したらいいのです。

そこまで下げなくても5万円でも決まるはずです。その方がサブリースより手取りが増えます。

滞納リスクに対しては家賃保証会社に加入してもらえれば何の問題もありません。これが、サラリーマン大家であれば自分で持ち出しが怖いからとりあえずサブリースにしようと考えてしまうケースが大半です。

地主さんの場合は「営業マンに言われたから」とお任せでサブリースをしています。

その結果、自分に不利な条件を飲まされていることすら理解していないケースが多いです。

大手メーカーのサブリースでは、退去時のリフォームでも儲けています。退去時に原状回復などで、法外な値段を請求されていることも多くあります。

このようにオーナーのお金を根こそぎ持っていくシステムになっているわけです。

自主管理まではまだしも、ある程度、物件の管理運営にはオーナーが関わらなくてはいけません。それを面倒と感じて嫌がるくらいであれば大家なんて辞めた方がいいでしょう。

行なうべきリフォーム・やらなくていいリフォーム

現在は数え切れないほどの不動産投資本が溢れかえっています。

築古がいい、新築がいい……薦める対象やスキームは違うものの、すべてに共通しているのが、修繕費が収益を圧迫するということです。いくら高利回り物件を買っても、次から次へと修繕が発生しては儲けが残りません。

私も当然修繕費の問題は大きいと思っていますが、だからこそ「最初から修繕できる物件」を選ぶようにしています。

最近は、築20年、30年でも融資を受けられるようになりましたが、初期のころはまったく買えませんでした。今考えてみれば、最初から修繕が発生するような物件を選んでおいてよかったのだと思っています。

最初から修繕が発生するような物件は融資も出にくいのですが、現金で購入できれば、その後は改装費として融資を受けられる可能性が高まります。

私が最初に購入した物件は、220坪の土地に立つRC造の物件でしたが、全空で廃墟のような状況でした。窓ガラスが割れていたり、外壁も崩れそうだったりしたのです。

ただ、それでも私は「修繕すれば、なんとか住めるのではないか」と思いました。そこで、1LDKに改装したところ、今では満室経営できています。

ちなみにこの物件は、バブル時代であれば坪100〜150万円でしたが、私は坪8万円で購入できました。なぜ破格の値段で買えたのかというと、建物がボロボロすぎて誰も買い手がいなかったからです。

ただ、金融機関は土地の価格を評価します。ですからバブル時代に約3億円だった土地に対して、リフォーム費6000万円（500万円×12部屋）の融資をしてくれたのです。

私が購入したのは1800万円で、キャッシュで支払いました。それを担保に入れて6000万円の融資を引いたわけです。

最初の物件は本当に融資が出なくて、信用金庫を40支店以上まわり、ようやく借りられました。

2軒目に買ったのは、1階に店舗が付いた3階建ての戸建てでした。戸建てにしては珍しく重量鉄骨造で、外階段がついています。そこで、その階段を利用してワンフロアずつに世帯を割ることにしました。1フロアが120平米あるため広さは十分です。

金額は修繕費も合わせて1500万円でしたが、今は2LDKで3戸に分けて賃貸に出しており、家賃その他で月25万円以上が入ってきています。このときも事業融資という名目で、リフォーム費用を2000万円、10年返済で借りました。

管理運営のコツ

私が物件を所有している姫路エリアは、広告費が高く2~3カ月はかかります。

ただ、私はエリア別に分けて自主管理しています。

大阪においても私が1600戸所有するビッグオーナーということもあり、待遇がとてもいいです。入居率でいうと、姫路は83%前後に対し、大阪は97%です。

大阪の管理会社は複数に依頼していますが、どこも仕事ぶりが素晴らしいです。

管理を成功させるのなら、「管理会社をいかに徹底して管理できるか」ということが最重要ポイントです。

そのためには、まず物件のもとへ足を運び、状況をチェックする必要があります。そのうえで「ゴミが散乱しています」「共用部の掃除をお願いします」などと管理会社に報告すればいいと思います。

以前、姫路のAショップFCの会長が家賃を持ち逃げしたのですが、その雇われ社長がある日私のもとに「大川さん、掃除をして償いをさせてもらいたい」と言いにきたことがありました。断る理由もありませんからお願いをしたのですが、物件を見に行ったところ、3階にある事務所の階段にタバコの吸い殻が落ちていました。電話をして「掃除はどうなったのですか?」と聞くと、「週3回は掃除に入っています」と答えます。

その後、3週間定期的にチェックしたところ、「掃除をしています」というようにもかかわらず明らかに吸い殻が放置されており、とても掃除をしているとは思えません。月に3万円も支払っているのに、この状況はありえないと怒りを覚えました。

実は、全国でチェーン展開している不動産屋の場合、こうしたことは珍しくないと個人的には思っています。

日ごろは掃除をせず見回りだけをして、それらしい写真を送ってくるだけです。さらには半年に1回「特別清掃」と称して10万円も取るなんてこともあります。

こういった悪質な実態は、物件の近くに住む人であれば気づくはずです。しかし、都会の投資家が遠方の物件を購入する場合はチェックがしにくいため、被害に遭う可能性が高まりますから注意が必要です。

詐欺行為で訴えたいところなのですが、掃除をしたのかどうかの証拠は示せません。もちろん、すべての管理会社はこのような不正を行っているわけではありません。しかし、油断してはいけないと思います。

また、多くの全国チェーンのFCはオーナーを下に見ています。関東はライバルの会社が多く、競争の原理が働きますが、地方にいくほど知名度のある会社が偉いと思っているような風潮があります。

ただ、こういった不正が横行するようになった背景には、地主やサラリーマン大家が管理会社へ任せきりにしているのも大きな原因だと思います。

例えば、名古屋であれば、物件数と管理会社の需給バランスが崩れているので、管理会社は一生懸命で業務にあたります。これは東京でも一部同じことがいえるでしょう。物件の数に対して管理会社の数が多ければ、管理会社同士の競争が激化しているので、サービスが全体的に向上します。

一方、地方だと競合が少ないため、のんびり営業していても頼ってもらえるので経営努力をしなくなるのです。

逆に言うと、そういう怠慢な会社（全国チェーンなど）に管理を任せている物件ばかりのエリアでは勝ちやすいといえます。

全国チェーンでは、直営店は少なく、そのほとんどがＦＣです。つまり、ほぼ地場業者なのです。看板だけは有名でも、それほど信頼度が高くないので、私は自分の近くで見える物件でなければ購入意欲がわきません。

「自分の近くで見える物件」とは、人によって異なると思いますが、私の場合は「自分が行ける範囲」ということになります。

管理会社との付き合い方

書籍やセミナーでは、できるだけ賃貸仲介会社や管理会社に顔を出して食事会や差し入れをして仲良くすることを推奨しています。

その結果として入居率が上がると指南していますが、実際のところ入居率が上がるのは単純に「物件が良い。広告料が多い物件。物件のオーナーが有力な人物」

などです。基本的にお金には勝てません。

管理会社は物件をリフォームして、入居率を上げる……など経費のかかる提案をしますが、普通のオーナーが何もせずとも入居率が上がるということは、余程物件が良くなればありえません。

基本的には管理会社は物件の管理さえできたら良いと思っています。

極端な話になりますが、ラクで文句を言わない、言いなりなってくれるオーナーさんとたくさん付き合いたいのが本音なのです。

そうした中で大切なのは、自分の事業スタイルにあった管理会社を探すことです。相手は利益だけを思っていますから、こちらも自分の利益を考えて行動してください。

もし、余裕があれば、管理会社を育てることも有効です。ただし、会社は時と共に変化しますから、心から信用するのはリスクです。

上手に付き合うコツはできるだけ顔を出すこと。特に現場に近い人がいるときに顔を出します。また、社長、店長クラスだけでなく幅広くたくさんの現場の人と知り合いになりましょう。

可能であれば管理会社はライバルを複数作ります。管理会社も数をあたって、いつでも変えられることを遠回しに匂わせてください（直接言葉には出しません）。

そのためには地域のオーナーたちと連携することです。オーナーの友達を作って力を合わせて対処するしかないと思います。

管理会社は地域によって変わる

一口に管理会社といっても、その地域によって様々です。需要と供給のバランスで良い管理会社と悪い管理会社で変わります。そもそも管理会社は衰退産業です。その理由は、ご存じの通り日本の人口減、高齢者の増加、家賃相場の下落など不安要因ばかりです。

管理会社はオーナーの代理人という役割がありますが、本当にオーナー代理人になっている管理会社はどれぐらいあるのでしょう。残念ですがほとんどないように思えます。

私自身はそうしていませんが、ほとんどのビックオーナーは自分で管理会社を作っています。それはなぜでしょうか。また、全国チェーンの管理会社がなぜ多くの利益を出しているのでしょうか。資産活用の会社が管理会社までしているのでしょうか。

読者の皆さんには、そこを考えていただきたいと思います。

オーナーのやってほしいことを全部するのが管理会社の仕事です。今後はオーナーにとって唯一の管理会社にならないと残れません。しかし、それに答えられる管理会社が多くないのもまた現実なのです。

以下に管理会社を選ぶとくに使えるチェックシートを用意しました。ぜひ、参考にしてください。

◎**管理会社チェックシート**

□管理会社（不動産会社）が地域にどれぐらい数があるか？（市・区・町など）

□管理会社（不動産会社）がどれぐらいの戸数を管理しているか？

□その管理会社に任しているオーナーが何人いるか？

□売買仲介はやっているか否か

□自社所有物件があるかないか

□管理会社全体の入居率、自社物件の入居率と管理物件の入居率

□特殊な募集をしているか

□企画力、提案力はあるか

□オーナー負担なしのお金をどれぐらい使っているか？

□悪評は？

□どのような経緯で設立されているか

□管理費の相場

□保証会社（大きいのか小さいのか。もし保証会社が契約途中で倒産した場合の対処法とその保証は?）
□保険会社（家財・火災保険の手数料）（保険を扱うときの対応）
□人間性は?
□管理会社と仲介の人数
□管理物件の清掃状況
□各物件に自動販売機を置いてあるか
□プロパンガスか否か（紹介料やその他の手数料）
□会社名が一緒かどうか（経営者が代わっていないか）
□仲介料、広告料のシステムはどうなっているか
□礼金・保証金の扱いは?
□修繕をするときに相見積もりを取らせてくれるかどうか?
□どんな物件も扱うか?（築古物件も扱うか）
□ホームページはあるかどうか（入居募集の広告の出し方）

管理会社が物件を選ぶ

ボロボロのアパートを安いという理由だけで購入しました。管理会社からすると、手がかかるし面倒な物件です。

このような物件を、その土地のビックオーナーである私が依頼すれば、管理会社は喜んで引き受けます。つまり数を持っているオーナーの依頼には応えるわけです。これが同じ物件でも1棟目であれば断られてしまうケースがあります。

私は基本的に改装するよりも、そのまま安い家賃で貸せばいいという考えです。その逆で、管理会社からすれば「うちにリフォーム代金をきちんと落としてくれるなら管理を引き受けますよ」という考えなのです。しかし、その理屈は間違っているのではないかと疑問に感じます。

築が浅くキレイな物件であれば、どこの管理会社も管理を引き受けます。これが古くて汚い物件と言ったら語弊がありますが、難易度の高い物件でも引き受けてくれる会社となると難しいのです。

私は「うちはできません」と断る会社とは、今後一切取引をしません。これが私流の管理会社の選び方です。このような方針で運営をしているため、私は難易度の高い物件もたくさん買うのです。

とはいえ、普通なら管理会社は難易度の高い物件を嫌がります。客づけが難しい、その割に管理料は他のキレイな物件と同額なのですから、彼らにとって何のメリットも無いからです。

そこで何かメリットを感じてもらえたら、「やってみましょうか！」となるわけです。

私が「ANGELOグループの大川護郎です」と名乗った瞬間に、管理会社は「この物件を成功させたら、今後もいろいろ仕事を任さられるかも？」と期待して、急に積極的にヤル気を見せるのです。

たまに私の名前（社名）を出さなくても「よろこんでやります！」という会社

と出会うこともあります。そのような会社は1次オーディションを通過したようなもので、2次オーディションに進んでもらいます。そういった会社は、セミナー受講者や会員の皆さんに紹介したりもします。

管理会社の言いなりになってはいけない

買った物件をどんな人に貸すのか?

これは管理会社の能力と関係してきます。

これも管理会社を試す方法の1つで、どのような人が、どんな物件を欲しがっているのか? これに対して様々な選択肢が用意できるのかを見ます。

例えば一戸建ての家で地下に駐車場もあるから、「少々の音を出すくらいなら問題ないですよ」「ペットを飼っても大丈夫ですよ」と、そうやって唯一無二の物件にできるのかがポイントになります。

これは「管理会社の提案能力が重要」であるということです。

しかし、世の中の管理会社の多くが提案力に欠けています。

物件を一目見た瞬間に、「こんな古い物件は、引き受けられません」と諦めてしまう。「こんなボロ物件ではダメですよ。さっそくリフォームしましょう！」と勧められます。

また、その提案へ素直に応じてリフォームしてしまう大家さんが多いのも確かです。

もちろんリフォームをするのは一向に構いませんが、そこは需要と供給のバランスです。

例えば、500万円をかけてリフォームを施し、その結果で家賃10万円がとれるなら問題ありません。しかし500万円もかけて、せいぜい家賃が4～5万円しか取れないのであれば、これは「ノー！」と言わざるを得ません。

要は、「オーナーは管理会社の言いなりになってはいけない」という話です。彼らの言いなりになっていたら、いくらお金があっても足りません。

資産家などは相続で不動産を手に入れるケースも多いでしょう。そして安く投資家に売却してしまうこともあります。

こうして割安で購入した投資家が「安く貸したらいいじゃないか」と考えだしたら、どんどん相場が崩れていきます。

リフォームをして物件の価値を上げれば助かることもありますが、地方の場合ですと、そこまで贅沢な家賃はとれません。お金をかける代わりに「ペット可」にするなど、大家族に住んでもらう工夫をします。

つまり「物件の価値を高めることにより、それほどお金をかけずとも、費用対効果良くして貸し出す」のです。

そのような提案のできる管理会社と付き合って、うまく回してくことが重要です。

ろくに家賃も取れないのに大金をかけてリフォームするのはもちろん、途中で諦めて二束三文で叩き売ってはいけません。

地域の相場が崩れて、同業者を含む大勢の人々を巻き込んで首を締めることになるのです。

地方の物件管理には序列がある

兵庫県姫路市では私の会社が最大手ですが、2番手は約1300世帯くらいを所有して、うち800世帯を姫路に所有するオーナーです。ワンオーナーで管理会社を所有しており、某フランチャイズの看板で営業しています。そこの入居率は約98%もあり、うちは負けています。

そのからくりを説明します。そのオーナーの管理会社では自分の物件以外も管理しているので、全部で3000世帯の管理をしていると思われます。

そこで他のオーナーから預かった物件を見せ物件として使い、自分の物件を決め物件になるような順番で常に内覧をさせているわけです。

当て馬物件も本命物件も、自分で管理会社を経営すればやり放題です。そのように他人の物件を餌にして、自分の物件を埋めて高い入居率を実現しています。酷い話に聞こえますが、自分の物件が中心になるのは当然です。人間とはそのようなものです。

地方の物件管理には序列があります。

まずは自社が管理する物件です。2番目が地場の地主さんを重視します。3番目に投資家のビッグオーナーがきて、4～5番目でようやく木造ボロアパートを1棟だけ持っているようなサラリーマン大家がやって来るのです。

ですから、どれだけ高利回り物件を買ったとしても、その地元の不動産業者の優先順位が低ければ、高利回りは絵に描いた餅です。

ちなみに、姫路で最大手の私のところでは管理会社を持っていません。いくつかの管理会社に管理運営・客付をお願いしています。

なかには素晴らしい管理会社もあって、自分の物件を当て馬にして、私の物件を優先的に埋めてくれるような会社もあります。なぜこんなことができるのかといえば、この会社は借金を抱えていないからです。それだけ余裕のある経営をしています。大したものです。

その他にも、私に「仕事をさせてくれ！」といったことが一度もない管理会社もあります。そこの社長は、私が本当に困ったシェアハウスの仕事を喜んで引き受けてくれました。

この社長は変わっており「誰でも管理できる物件はやりませんわ」というのが口癖です。地方のシェアハウス運営はとてもむずかしいので、他の会社はどこもやりたがりません。1番苦労が多い物件ですが、彼は満室にしてくれました（詳細は98ページをご覧ください)。

このように自社の利益ばかりを優先してくれる会社もあれば、顧客のことをしっかり考えてくれる会社もあります。

会社というものは多かれ少なかれそのようなものですが、管理会社についていえば、悪いところは本当に悪く、良い会社との振れ幅が大きいように感じます。

物件の不具合を指摘されたらオーナーが動く

水道メーターが前月より大幅に多くなっていたら、水道局が電話で異変を教えてくれます。

ある時、このような連絡を受けた私は当然、管理会社へ確認を依頼しますが、「どこも異常ありません」と回答するのです。しかし、実際にメーターはどんどん上がっているし、水道局も不自然だと認識しているので、必ずどこかに異常があるはずです。しかし、管理会社は詳細に調べあげることをしませんでした。具体的にいえば放ったらかしにされたのです。

そのまま半年間も放置され、私は余分な水道代を払い続けました。最終的に私と水道業者が現地に行って解決しています。そして無駄な水道代を払ったことは当然問題になります。

普通の個人投資家で遠方に物件を持っていると、現地の確認は容易ではありません。唯一頼めるのが管理会社となります。この管理会社の能力が足りないとオーナーが損をすることになります。

この教訓は水道にかかわらず、「物件で不具合があった」と管理会社以外から報告があがったときは、管理会社に任せず、オーナーが主体的に動くことです。管理会社に性善説は通用します。ひどい会社になれば隠ぺいする可能性もあります。

悪い方へ変化する愚かな管理会社

兵庫県の某市にある物件を、約900世帯の物件管理を任せているA管理会社に管理委託しようとしました。

すると「冬は雪で路面が凍結するから、そんな遠いところは行けません」という理由で管理を断られてしまいました。

この返答に対し、私としては「それなら900世帯の管理委託は、今後考えさせてもらいます」という話にならざるを得ません。

以前であれば、「どこでも行きます！」「何でもします！」と言っていた会社が、明らかに変わってしまったのです。

うちの900世帯を任されている状況で、管理を断るなんて勇気があります(笑)。

そこの管理会社から全ての物件を引き上げ、別の会社に委託することにしました。

A管理会社は愚かと思われるかもしれませんが、意外とこのような対応をする管理会社が多いのです。車に乗って5分で行ける物件を、月に1度だけ巡回するのも無理だと答えたりします。

おそらく、最初は「何でもやります！　どんな物件でも管理します！」と頭を下げていた会社でも、管理する物件数が増え、自社の収益が上がってくると物件を選り好みしたくなるのでしょう。

こちらからすれば、最初に「どこでも管理させてもらいます！」という意気込みを見せたから、今までどんどん任せてきた経緯があるのですから、「それは違う」となるわけです。

誠実に仕事をしない、物件のえり好みをするような管理会社とは付き合うことはできません。そうなると、こちらは管理物件を引き上げるくらいしか対処法がありません。

最初は一生懸命にやってくれていた管理会社も、途中から変わってくるのはよくある話です。

安定してクオリティを維持するのは案外に難しいことです。

境界線の印鑑は簡単に押さない

境界確認の際、隣地の人から判子をもらいます。

ご存じない方のために説明しますと、境界とは隣地の境目のことで、全ての敷地の角に境界杭が揃っていない場合、境界杭を新たに設置して境界を明確にする必要があります。

その場合は新たに測量を行ない、隣地へ境界線確認の立会いを求め、最終的に境界線確認書への押印をしてもらうことになります。

私は姫路市内に多くの土地を所有しているため、境界線確認書への押印を求められることがしばしばあります。

そんなとき、基本的に私は判子を押しません。そもそも境界確認が必要になるのは、主に売却時と新築時です。私の場合は中古の賃貸物件を所有しているケースが大半ですが、その予定はありません。だから、境界が確定されていなくても何の不便もないのです。

しかし、ある方法を使うことで、私は印鑑を押します。それは、「共通の知り合いを通してお願いされた場合のみ」快諾しています。

仕事先でも私生活上でも何でもいいですから、その人のつながりで探してみれば、必ず私につながることは可能だと思います。誰かにお願いする、お願いされる……そこで義理も生まれていきます。

私は判子代の5万円や10万円をもらっても、何の足しにもならないので絶対に受け取りません。それよりは人との繋がりのほうがよほど価値があると考えています。

ですから、数万円の利益ではなくて、新たな人脈を得る……という意味で、境界線の確認を行なっているのです。

これはあくまで16万平米の土地がある地主だからこその話です。やはり数の力です。こうして、人と人のご縁が繋がっていくことで、何かの相乗効果が生まれる可能性もあります。

一般的な規模のオーナーで同じようにするのは難しいですが、ちょっとしたことでも発想を変えてみたらいかがでしょうか。

車庫証明・駐輪シールが大家の利益になる!?

ある日、入居者さんから「車庫証明手数料があるのはご存知ですか?」と聞かれました。その人は車庫証明を取るための手数料として、管理会社へ５０００円を払ったと言うのですが、私は受け取った記憶がありません。

そういえば管理会社から「車庫証明がほしい」と聞かれて許可した記憶があります。

本来は大家に払うべき手数料を、管理会社が勝手に受け取っているのです。一般的な考え方であれば折半が普通でしょう。しかし、管理会社からすると、そうした手数料は「管理会社が取って当たり前」なのです。

姫路でけっこうな規模の不動産を持っている私ですら、今まで一度も車庫証明の手数料を受け取った経験がありません。

車庫証明を例にとれば、私はおおよそ2000台の駐車場を貸しています。仮に姫路に車が30万台あるとして、その10％が1年で買い替えているとすれば年間3万台ぐらいの車の車庫証明が必要です。

それを私の貸している駐車場で計算すると、2000台中、200台が買い替えをしていれば、200×5000円が車庫証明手数料としての売上になるのです。

また、私の物件では、入居者さんの自転車が区別できるように、自転車に専用のシールを貼ってもらっています。このシールを管理会社が勝手に作って1年間で1枚1000円で販売されていたことがありました。ファミリー向けが多いので、1世帯あたり自転車が3台あると考えた場合、40世帯の物件であれば120台の自転車です。

少なく見積もって1世帯あたり2台としても4367世帯あるので、9000台近い自転車があるのです。そこから1台につき1000円を徴収すれば年間で900万円になります。

こうした、駐輪場や車庫証明のお金が管理会社の懐に入っているわけです。

1件あたりの金額は細かなものですが、私たちは細かいお金を積み重ねていく商売なのですからバカにできません。

物件をキレイに保つ方法

基本的に私は、掃除を入居者さんにお任せしています。これが最も安上がりで、かつキレイに物件を保つ方法です。

「そんなにうまい話なんてあるの?」と疑われるかもしれませんが、実にシンプルです。自分の所有物件に、「このマンションのお掃除をしませんか?」というポスターを貼ればいいだけのことです。

私のマンションの入居者さんはファミリーが多く、家事や育児に追われて外で働きたくても働けない家庭があるのです。そのような人にとって、空いた時間でお金を稼げるのは魅力です。

費用の目安としては、30世帯の物件を週2回のお清掃をしてもらって月3万円です。お給料として支払ってもいいですし、その分を家賃から差し引いてもいいでしょう。

私はだいたい週3回の清掃を依頼しています。それくらいしなければ汚いからです。

1階のエントランスは毎回キレイにする。それ以外のフロアは毎週1フロアごと清掃するなどルールを作るのがお勧めです。たとえ新築の物件でも掃除が行き届いていなければ、すごく汚い印象を与えてしまいます。

しかし、これを清掃会社に委託すると「週3回の巡回をしています」と言っておきながら、ろくに巡回もせず、更に半年に1回「特別清掃」という名目で10万円も請求されたことがありました。

写真を送ってくる清掃会社や管理会社でも怪しいです。一度、その写真を持って現地を巡回したほうがいいでしょう。同じ写真を使い回しているケースがあります。

大手管理会社のAが週2回の清掃で、月に数万円の料金を取っていたのですが、いざ現地に足を運んでみたら雑草が生え放題の状態でした。

私は、「週に2回も清掃をしておきながら、これだけ草が生えるなんておかしいですよね？　草の伸び具合からして、半年は何もしていませんよね？」と指摘しました。

私が気づくまでの間、何もしないでお金だけを取っていたのです。その管理会社は客付けに強いのですが、管理が全く疎かな会社でした。

私の対応も悪かったと思います。管理会社も掃除会社も自分が雇っているのですから、何かあったらすべてオーナーの責任です。以来、私は自分で掃除の手配をするようになったのです。

どんなに広告費を払っても入居がつかないエリア

大阪の某区で客付けに苦労する状況に陥ったことがありました。

本来であれば、そのような場所では、買わないのが無難です。6カ月もADを積んで決まらないのですから。

事前にしっかりリサーチすれば避けられる話です。

私はプロ投資家なので、そんな物件でも買うこともあります。しかし、そこまで需給バランスが悪い場所であれば、普通の賃貸にはしません。

ところで「6カ月のADを積んでも客付けができないなんて！」と驚く人がいるかもしれませんが、今はそれほど需要と供給のバランスが悪いエリアは増えています。

そんなときは、どうすれば入居がつくか知恵を絞ります。

たとえば、ワンルーム物件をペットホテルやペットの葬祭場として運用します。とても住居として貸せないので、別の事業として運営するということです。うまくすれば普通賃貸よりも大きく儲かりますが、失敗すれば傷も深くなります。

大阪は日本を代表する大都市であるにもかかわらず、家賃2万円台の物件で溢れているのが現状です。

そこで「家賃1万円に値下げしたら埋まるのか？」というと、そうでもありません。

たとえば8平米、3点ユニットのワンルームで家賃1万円と、18平米でバス・トイレ別のワンルーム、家賃5万円であれば、後者を選ぶ人が多いので、もはや価格の問題ではないのです。

また価格で訴求していくと、今度はシェアハウスがライバルとなります。同じ低家賃で部屋の広さも変わらないとしても、水回りや共用スペースが充実して、掃除の必要がないシェアハウスが選ばれます。

ところで大阪のことを悪く書いてしまいましたが、本来はとても住みやすい街です。それにもかかわらず客付が難しいのは、単純にワンルームの数が多過ぎるからです。

とくに大学のある街などは、その需要を見込んで無数のワンルームマンションが建てられました。そのほとんどが10平米以下の3点ユニットです。

このような物件が「利回り10％、大阪○○区、○○駅徒歩10分」と広告が打たれたら、とても良い物件に思えてくるのです。

しかし、くれぐれも需給バランスの崩れているエリアで狭小物件は買ってはいけません。

長く住んでもらうためにすべきこと

先ほど長く入居してもらうためには、「60平米から70平米の部屋を狙う」と話しました。ここでは、それ以外の考え方についてお伝えしようと思います。

まず、広さとほぼ同義ではありますが、単身者よりもファミリー層のほうが入居期間は長くなるだけでなく、トラブルも少ない傾向にあります。

というのも、ファミリーの場合、会社や学校、ご近所付き合いなど何かしらのコミュニティに属さなければいけないため、非常識なことをする人が少ないのです。

また、ファミリーの場合、自死や孤独死のリスクが避けられます。私が所有するワンルームでは、これまで自死されて2、3日放置されていたケースが何度かありましたが、ファミリーではこのようなことも起きません。

ファミリーの場合、多くは女性がいますが、やはり男性の単身よりも様々なトラブルが生じにくいといえるでしょう。

また、色を塗り替えたときなども、ファミリーのほうが喜んでもらえます。つまり、リフォームに対しての費用対効果が高いというわけです。

同じように、テナントリテーションでプレゼントをする場合も、ファミリーのほうが「この大家さん、いい人だな」ということが伝えられている印象があります。

一方、単身者は、できるだけ口を利きたくない、大家さんと触れ合いたくないという人が多い気がします。

第3章

見過ごすと危険なこと

～本当にあった酷い話　10例～

本当にあった酷い話①

破産したホテルを買ってシェアハウスに改装

ある管理会社からの提案で、繁華街に近い立地にある廃業したホテルを買って、5000万円をかけてシェアハウスにコンバージョンしました。

元々はワンルームにする計画だったのにもかかわらず、その会社の利益の都合でシェアハウスとなった経緯があります。そして先方の提案する改装工事をすれば「20年のサブリースをします」という話でした。

その後、ほとんど埋まらず、管理会社が突然サブリース契約を解除しました。その間に1800万円を借り上げ家賃として受け取っています。

結局、私の手元には3200万円の損と、全空のシェアハウスが残りました。

これは完全に騙されました。

ともかく地方でのシェアハウス経営は厳しいというよりも無理です。本当はワンルームのレジデンスに改装する予定だったのが、予算の都合もありシェアハウスにしたのです。

全空で私の手元に戻ってきたとき、たまたま仲のいい友人でもある不動産会社が管理してくれました。

その友人は、「物置部屋がほしい」「ちょっと仮眠する部屋がほしい」といった需要を見つけ出してくれたのです。そして、現在は利回り20％でシェアハウスとして運営されています。

結果的に助かりましたが、本来であればお手上げ状態で、絶対にやめておく物件です。

毎月の支払いが80万円あるなかで、全て埋まるまでに1年くらいかかりました。

これは私であるから乗り切れたようなもので、普通のオーナーであれば破産する可能性も高いでしょう。

本当にあった酷い話②

サブリース会社が勝手に家賃を下げていた

サブリース賃料4万円を保証していた管理会社が、サブリース契約を一方的に解除しました。物件が私の手元に戻ってくると、驚いたことに、勝手に賃料2万5000円で入居者を付けていたことが判明したのです。

サブリース契約中は4万円の賃料が振り込まれていたので、逆ざや状態で自転車操業をしていたわけです。

この管理会社からすれば、たとえ2万5000円で貸しても、仲介手数料や保証金、その他業者からも手数料を取れるので一瞬だけ儲かるのです。

その後、赤字になったらオーナーに「もう面倒見きれません」と物件を返すだけ。あまりにも無責任ですしオーナーにとっては恐ろしい話です。

とんでもない家賃で貸されていたので、「相場を崩して迷惑だ！」と近所のオーナーさんからも嫌味を言われました。まったくその通りだと思います。

こうした経験から言えることは、「サブリースは基本的にしてはいけない」ということです。

勝手に相場より安い家賃で貸しておきながら、いざ苦しくなったら物件を返して会社を倒産させれば、責任の追求から逃れられます。

この会社は大手フランチャイズの看板を使って営業していたので、誰もがそんな詐欺行為を働いているとは疑いもしなかったのです。

これならまだ全空で返ってくるほうが可愛いものです。それに比べて著しく家賃を下げた状態で戻ってくるのは大変です。

今の契約がある2年間は家賃を上げられません。上げるにしても、法律で上限が決まっていて、次は3万円、その次は3万5000円と徐々に上げてくしかないのです。

結局、2万5000円まで下げてしまった賃料を、相場の賃料4万5000円に戻すまで5年かかりました。

本当にあった酷い話③

必要以上の金額を請求される

ある日、私のもとに内容証明が届きました。

内容を確認すると、あるアパートのインターネットでシステム利用料が未払いだというものです。

そこで契約を確認してみると、本来であれば毎月3万円支払うべきところ、先方の会社の事務的なミスで1万5000円だけが引き落とされており、未払い金が累積されていたようです。そこで、その差額を支払ってほしいという話だったのです。

そもそもをいえば、先方のミスにもかかわらず、いきなり内容証明を送りつけてくるのもいかがなものかと思います。

内容は、過去3年分の差額を一気に支払うように書かれていましたが、それも一方的な話です。

さらに金額を精査してみると、すでに引き落とされている分も金額に入っており、なんと月3万円の3年分全額を一括に返す……となっていました。

これはあまりにもおかしな話です。そこで、弁護士を通して確認したところ、先方から「申し訳ありません。差額の1万5000円の3年分を分割で払ってもらえますか?」という話になりました。

相手の事務方のミスでこのような形になっていたのですが、詳しく確認せず相手から言われたままに支払っていたら大損をしていました。

金額によっては大問題です。大手でも単純なミスをすることがあるので、支払い関係は目を光らせるべきです。

本当にあった酷い話④

借上げ契約を奪い取った管理会社

私の知っている管理会社Aが、某大手ハウスメーカーDのサブリース契約を奪い取りました。

具体的にいえば、D社に管理委託をしていたオーナーさんにいい条件を提示して管理・借上げ契約をD社から自社へと乗り換えるように持ちかけたのです。

そうして500戸程度が管理会社Aに移ったのですが、現在どうなったかといえば、この管理はD社が行っています。

これはどういうことかといえば、Aが管理や借上げ契約を取った後に、さらに1戸5万円でDに売ったのです。オーナーからしてみれば、DからAに契約を切り替えたのにもかかわらず、またDとの契約に戻ったのですから、むしろ契約条件がよくなっているかもしれません。

しかし、裏側でみれば、大量の顧客を管理会社AがD社から奪い取った後、D社が1戸につき5万円で買い戻したという話です。

大手企業であるD社からすれば顧客が減ることが大きな問題で、1戸につき5万円×500戸＝2500万円をかけてでも取り戻したかったのでしょう。

このような仁義なき戦いがオーナーのあずかり知らぬところで巻き起こっているのです。

本当にあった酷い話⑤
ずさん過ぎる鍵の管理

管理会社は鍵の管理が杜撰《ずさん》です。新築物件の鍵はまとめて1つの部屋に置いてあります。そうしたほうが、案内するとき効率的だからです。

中古物件の場合、ガスの配管あたりにキーボックスを設置しています。

管理会社は鍵交換代を入居者から徴収しますが、実際は同じ物件の1階の空き部屋と2階の空き部屋の鍵を入れ替える程度の対応です。それで1回の鍵交換で2万円も取っているのです。これは全てではありませんが管理会社にとって大切な収入源です。

さて、ある時、新たに入った入居者が、ガス庫にキーボックスがあることに気が付きました。管理会社が、ガス庫に鍵を置いていることをすっかり忘れていたのです。

入居者さんからすれば、自分の部屋の鍵が勝手に使える状態になっていたのですから、本当に気持ち悪くて嫌なものです。結局、鍵を再び交換することになり、無駄な出費となりました。そして、その出費をオーナーに請求してきました。

最近はスマートロックをはじめとした電子錠も増えてきました。

そうなれば鍵交換が不要かと思いきや、今度は「電池交換代」を入居者から徴収しています。

こうして何かしら名目をつけて、手数料を取るようにしている悪質な管理会社もあるのです。私は調べて激怒しました。

管理会社によっては鍵を任せてもらわないと管理を引き受けない会社もあるくらいです。これを施主支給で韓国製の安い電子キーを買ってきて、知り合いの大工さんに頼もうとすると、管理会社は激怒するのです。

さらに大手の管理会社では「一括管理システムです」といって、パソコンで物件全体の、鍵のロックや解除を管理するシステムも登場しています。そこでシステム料として、毎月代金を引いているのです。

私は管理会社を儲けさせるくらいなら、入居者に還元したほうがいいと考えていますが、管理会社も知恵を絞ってあの手この手で利益を得ようとしています。

本当にあった酷い話⑥

10年間清掃がされていなかった物件

ある物件で、毎月管理費用が11万円かかっていました。それとは別に週3回の清掃代として4万円がかかります。それを10年くらい管理会社に払い続けていました。

10年間、1度も退去が出ない優良物件だったので、私は現地に行ったことがありませんでした。たまたま、その物件の隣が競売に出るというので現地に行き、私の物件を見たら驚きました。

私は初めて物件を見て幻滅しました。

敷地には古タイヤが積み上げられて放置されており、建物全体が苔《こけ》で覆われ、すっかり古ぼけていました。

繰り返しますが、私は10年間毎月、管理費11万円と清掃費4万円を払い続けていたのです。

さすがにこれは問題だと思い、管理会社の社長に問い合わせました。そうすると、「たまたま忙しくて1カ月だけ清掃をしていませんでした」と言い訳をするのです。

しかし、建物に生えている苔を見る限り、長い年月を経て成長したものです。たかだか1カ月でこうなるとは思えません。

そこで10年間の返還を求めることにしましたが、管理会社は「清掃をしていない」ことを頑として認めません。

結局、10年分の清掃代金は返ってこないので、代わりに管理委託している200棟の管理費を一律で値下げすることで手打ちとしました。1棟1万円下がれば月200万円の改善です。

このような解決方法は私のようなビッグオーナーだからこそ可能で、普通のオーナーであれば、管理会社を相手取って裁判をするしかないでしょう。

ここで学んだのは手のかからない良い物件ほど、管理会社は見に行かない・手をかけないということです。

オーナーも満室稼働していると気にかけなくなりますが、常に物件を気にして、定期的に建物の状態も確認すべきでしょう。

本当にあった酷い話⑦

入居募集をしない管理会社

ある管理会社の管理戸数は、その9割を私が委託した物件で占めておりました。具体的にいえば、管理戸数1200戸のうち、1100戸は私の物件です。

この会社が新事業として、新築物件の建築や中古物件の購入をはじめました。それからしばらく経って、その会社が出している募集広告をチェックしてみると、35件中で私の物件は1件だけした。それ以外はすべて私以外の管理物件と自社の物件だったのです。

そんな状況がしばらく続き、私の新築物件が満室になるまで12カ月もかかりました。

それに反して同時期に竣工した自社物件は、あっという間に満室になっていました。

しかも私の物件はRC造で、管理会社の物件は木造です。立地もこちらのほうが便利であるにもかかわらず……あきらかに、私の物件の入居募集に手がかけられていないことがわかります。つまり顧客の物件はそっちのけで、自社物件の客付けばかりやっているのです。

こんな露骨なことをしていたら、オーナーにはわかってしまうのに不思議な行ないです。

おそらく、私が義理堅い人間だから大丈夫だろうと高を括っていたのでしょう。昔から付き合いがあるので簡単には切られない、と。

ちなみに、私の総戸数は4300戸で、年間の入居率が90%強です。そのうち１１００戸をその管理会社に任せており、入居率は約80％ですから、その１１００室を除いた全体入居率は98％あるのです。

そこで私は管理会社の社長に電話をして、「この状態はどういうことですか？」と聞きました。すると社長が「うちは大川さんの物件を中心で頑張っています！」と言い張ります。

募集広告に私の物件が掲載されていないことを問い正すと、その社長は開き直り、「うちはこういう方針になったんです！」と宣言されたものですから、こちらとしても仕方がありません。これまで預けていた１１００室の管理を1年かけて、全て引き上げました。

もともと倒産寸前だった会社でした。業績を徐々に取り戻して新築物件を扱えるようになったのも、私が１１００戸の物件の管理委託をしていたところが大きいと思います。

こちらも物件を買うために、いろんな無理も聞いてもらったこともあり、その恩を、管理を任せることで義理を果たしてきたつもりでした。

しかし、この社長のビジネスマンとしてのやり方に賛同できませんでした。これが東京ならいざ知らず、ここは地方です。ちょっとした悪評はすぐに広まるので経営的に致命傷です。

少しお金を持つと途端に勘違いをしてしまう例として紹介しました。こうした傾向は、多くはありませんが地方の管理会社にありがちです。

常日頃から、自分の物件がどのように広告されているのか把握しておきましょう。

また、私が甘いのかもしれませんが、ビジネスとして割り切る必要があります。

本当にあった酷い話⑧

大家を食い物にする管理会社

ある人が入居対策について不動産会社に相談をしたところ、「部屋のリフォームを行ないましょう！」と提案されました。しかし、リフォーム後も入居がつきません。

そこで再び相談をすると、今度は「広告料が少ないから埋まらないんですよ」と言われたので、6カ月分のADをつけました。

それでも入らないので再度相談したら、「家賃を下げないと無理です」と言い出して家賃を下げましたが、それでも入居がつきません。

そして、最終的には「うちでは管理は無理です」と断られたのです。

冗談みたいな話ですが、現実によくあることです。

さんざん儲けさせてもらってから「もうやめます」という会社が実在します。

これが東京などの都会であれば、競争相手の管理会社も数多くあるため、このような振る舞いはできません。しかし、競争相手の少ない地方では未だに平気でまかり通るのです。

競争相手の多いエリアには割合きちんとした管理会社が多いです。

そもそも私ほどのビッグオーナーともなれば、管理会社は強く出られません。それは他の物件の管理を期待しているからです。

しかし、そうでない場合はどうでしょうか。

数の力を持たないオーナーは、ただ管理会社の養分となっているケースが見られます。それが現実です。

本当にあった酷い話⑨

家賃保証をしない管理会社

管理会社の業務に「集金業務」があります。つまり家賃回収も管理会社の仕事です。

今は連帯保証人をとらず保証会社を使っていますが、オーナーからすれば、きちんと家賃収入が入ればそれでいいわけです。

ある時、保証会社が倒産しました。すると管理会社から「家賃が遅れます」と連絡がありました。倒産したのはその管理会社の責任ではありませんが、管理会社は集金業務までを含めての管理会社です。オーナーからすれば、保証会社の倒産は関係ありません。

とはいえ、最近は保証会社の倒産が増えているのは事実なので、できる限り経営の安定している大手の保証会社と付き合った方が良いでしょう。

本当にあった酷い話⑩

情報を抱え込む大手チェーンFC

大阪府下の物件の話です。大手チェーンのFCにアパートの管理を委託しました。18世帯のアパートで満室でした。それが3年後にはたった3世帯に入居が減っていました。

なぜそのようなことが起こったのでしょうか。

その管理会社は客付力には定評のあるチェーンでしたが、自社で情報を抱え込みます。他の客付会社に情報を出さず、自社のFC内だけで客付けを行なうのです。

つまり、物件の近隣から最寄りのターミナル駅などに店舗がたくさんあれば客付けができるのですが、それが店舗数の少ないエリアだったこともあり、空室の募集がほとんどされないまま放置されていました。

さらには、管理委託料にくわえ清掃代も払っているにもかかわらず、敷地内は草だらけで建物もきちんと管理されていませんでした。

いくら「客付力が強い」といっても万能ではありません。とくに情報を抱え込むタイプの管理会社は、そのエリアにおいても強いか把握する必要があります。

第4章

絶対にやるべきこと

～成功するためには避けて通れない必須事項～

物件を買う決断

以前、私が主催する会の会員さんに「物件を増やしたい」という人がいました。物件を探して融資承認がでても、「ここが悪い」「あそこが納得いかない」と粗を探るばかりで話が前に進まないのです。

そこで「では私と共同出資でやりましょうか。もしお金がないのなら私が全額出します。その代わり、利息が高いなど文句はいわないでくださいね」と提案しました。

しかし、その人は結局購入することはなく退会してしまいました。おそらく、不動産投資の勉強をしすぎて頭でっかちになってしまったのでしょう。

繰り返しますが、そもそも本に載っているような完璧な物件など、100％存在しません。これは断言できます。

私は、勉強（座学）よりも「とりあえず買ってみること」を薦めています。それが区分マンションであっても、まずは実際に物件を買うべきです。ただその際は、安価なファミリータイプの物件がいいと思います。

区分マンションは建築当初、30年間で入る入居者が何人いるのかという想定を立て、そこから建築がスタートしています。つまりニーズがしっかりと調査されたうえで建築されて分譲されているのです。

姫路でも駅から多少離れると手頃な区分所有マンションがあります。築30年、3LDK、300万円くらいの激安物件があります。最低家賃は4万円程度、管理費や修繕積立金が1万5000円だとして、2万5000円のキャッシュが残るはずです。そう考えると、80万円くらいはリフォームに使っても十分に元がとれる計算です。

しかも、リフォームしたら家賃が5～6万円と上がるかもしれない。そうすれば、それがすべて利益になるわけです。最低でも2万5000円、最高だとその倍近くのキャッシュが出る物件……そう思えた時点で私は購入を決めます。

大事なのは、自分で決めてやること。人に教えてもらうのではなく、自分の頭の中でいかにシミュレーションするのかがポイントです。

私はこれまでに400〜500案件の不動産取引をしてきましたが、そのすべてが成功ではありません。時には「聞いていなかった」ことがいくつかあり、不動産業者に騙されたこともあります。

売主は物件に関するあらゆる情報を買主に伝える義務があります。これを告知義務といいます。この観点でいえば、重要事項取扱説明書に載っていなかったら、全て告知義務違反になります。

私には顧問弁護士が3〜5人いるので、何かあったときに対応ができる体勢を整えています。実際、私は何回か裁判をして勝っています。

いずれにせよ、勉強をして非常時に耐える力を蓄えるのではなく、自分の基準を早々に築いて物件を買った人が勝ちます。

私はよく会員さんから「どの物件を選んだらいいのかわかりません。大川さんが決めてください」と助言を求められるのですが、「それは僕の決めることじゃない。自分の判断で買えばいいじゃないですか。もしダメだったら、一緒に努力しましょう！」と伝えています。買えばなんとかなるものです。私自身、これまで様々な物件を購入してきましたが、なんとかなっています。

1棟目キャッシュ、2棟目から融資がスピードを加速させる

融資のレバレッジの考え方は人それぞれです。フルローンやオーバーローンのように、とにかくたくさん引ければいいと考える人もいれば、自己資金はある程度入れたほうがいいと思う人まで、実にさまざまです。

私の場合は、既存のローンを完済して、それが担保になりだしてから資産が加速度的に増えていったという印象です。よく「すぐに規模が大きくなりましたね」

と言われるのですが、実際は20数年かかっているのです。

ですから、これから融資が受けにくくなる時期になりますが、最初の物件はキャッシュで購入し、その物件を担保に買い増していくというのは一手だと思います。

そういう意味で、2棟目以降は現金をできるだけ使わず、1棟目だけキャッシュで買って、その物件を担保にするのがよいと感じています。

3000万円の現金を使うくらいなら、担保価値6000万円の物件を買って担保に入れて融資を引くことをオススメします。

理想は、3000万円の物件で評価が6000万円です。そうすることで3000万円の余力を担保として使いながら、合わせて家賃収入も得られます。

ですから、そういった物件を買えば、担保余力があり、返済の原資にもなるので、毎月キャッシュフローを多く生んでくれます。

だからこそ融資条件を妥協してはいけません。それは金融機関側の都合のいい条件なのであって、投資家目線で好条件とは限らないからです。多額の自己資金を求められたら、それを何とかできないか知恵を絞りましょう。

といっても私は、自分の属性が優れていると思わなかったので、金融機関同士を競わせるということはしませんでした。ですから、金融機関間での競争は「できる人はやったらいい」と思っています。

私のようにあまり属性がよくない人は、競争させようと思っても相手にされないでしょう。むしろ、金融機関を競わせて良い融資条件を目指すよりも、それぞれに違う案件を持って行って、全部買ってしまったほうが結果的に儲かると思います。

私のようにどんどん買い増しをしていると、よく「キャッシュアウトはしないのですか?」という質問を受けます。

ただ、基本的に私は毎月のキャッシュフローが出る物件を買っているので、買い増し時の諸費用は工面できます。

例えば、1億円の物件に対して、融資が7000万円しかつかなかったとします。そうなると3000万円のキャッシュが必要なわけですが、こういった場合、私は3000万円に対して約4000万円の担保に入る物件を見つけて、担保に入れて満額融資をしてもらいました。

仮に1億円の物件が利回り10%、4000万円の物件が利回り20%だとすると、それぞれ年間家賃収入が1000万円、800万円となり計1800万円になりますが、返済自体は1億円の物件のみ発生します。もし25年ローンだったら、毎月40万円程度ローン返済になるので、手元に残るキャッシュは年に1200万円です。

そういう意味で、正直なところ、私にはなぜキャッシュアウトという現象が起こるのかよく理解できません。

もちろん、リフォーム費が予想以上にかかった、思ったよりも入居率が悪かったというケースはあるのかもしれません。

しかし入居率の悪さに関していえば、新しい物件で歳月を経るごとに家賃が下がらない物件を除いて、価格が落ち着いた中古で買っていれば、そこまで大きな変動はないはずです。

当然、修繕リスクはあるものの、そんなことを言っていたら、あらゆる物件には何らかのリスクを孕んでいるわけです。新築であっても退去されたら修繕リスクがあります。

ですから同じ修繕といっても、キャッシュフローをたくさん生み出す物件の修繕と、ほぼ生み出さない築浅の物件では、意味が異なるのです。

自分の基準を持つことが大切

人口減少が加速しているにもかかわらず、どんどん新築物件を建てている日本では、当然ながら空室率が上昇するわけですから、周りの環境を見極めなくてはなりません。私が投資している兵庫県姫路市はマックスの人口が56万人なのですが、わずか5年で約3万人減少するといわれています。

これはつまり、全体の0・5％が空き家になるという計算です。これは何も姫路市に限ったことではありません。基本的には、東京以外は競争が激化するといえるでしょう。

とはいえ、東京は新築マンションが乱立していますから、東京であろうと勝負が容易《たやす》いわけではありません。都心には投資用ワンルームが乱立していますし、少し離れた郊外になれば地方と同様にライバルは地主になります。

購入にあたって重要なのは、〝自分の基準〟をしっかり持つことです。

基準は、入居者ターゲットが単身なのか、ファミリーなのか、また所得についても高所得者層なのか低所得者層なのかに分かれますが、基本的に居住年数の長いファミリー向けを狙うことを私はオススメしています。

物件の構造については、特別なこだわりはありません。

よく「木造よりもＲＣ造の方がいい」という人もいますが、ＲＣ造は法定耐用年数が長く融資付に有利に運ぶメリットはあれど、維持管理にランニングコストが掛かるため、必ずしもいいとはいえません。

またＲＣ造の解体費にかなりのお金がかかるのがネックです。

その一方で、「木の文化」と称される日本の木造建築は、築２００～３００年の物件もあるロンドンのように、きちんと手入れをさえすれば長きにわたって物件としての価値を維持することが可能です。

不動産投資の基準を持つことは非常に大切です。ゴルフのスイングと同じで、育った環境や筋肉のつき方は異なるわけですから、決まった型にはめることなんて無理なのです。

不動産投資でいえば、エリアや年齢、価値観によってやり方は変わってきます。ただ、何らかの基準を設けて、そこに沿ってやっていく必要があります。最終的に頼れるのは自分と、家族と応援していただける方だけということを忘れてはいけません。

たまにとんでもない物件を紹介されることがあります。具体例を出すと、先ほどの大阪某区のような、買ったら最後、絶対に埋まらない物件です。

要は仲介手数料が入れば、あとはどうなろうが知ったことじゃないのです。そのような〝売り逃げ〟する不動産会社が圧倒的に多いのが現実です。そのことは肝に命じておきましょう。

物件を買うときは、最終的にすべて自己責任です。しっかり自分で検証するしかありません。

セミプロクラスの個人投資家は、相場を上げる人種です。本当のプロの投資家というものは、それよりも安く買って、それを個人投資家に売っています。つまりプロからセミプロの個人投資家、最後に素人の個人投資家に高く売られていく図式があるのです。

購入を検討している物件があるなら、土地・家賃・値段は必ずチェックすべきです。まずはインターネットで検索すればいいでしょう。

とくに私が好むのは、学校や病院が近くにある物件です。どれだけ過疎化が進んでも、病院は最後まで残るからです。特に新しい大病院は移転のリスクがまずありません。

あえて「売れ残り物件」を買う

物件の探し方は、実にさまざまです。

ただ、私ならではという意味では、「売れ残っている物件」に注視しています。例えば、過去10年間掲載し続けてある物件があったとすれば、「なにか安く買える方法はないかな」と考えるようにしています。それだけ長く売れていなかったのなら、指値ができる可能性も上がりますし、「絶対に売れない」という物件を商品化したとき、大きな利益を得られるといえます。

もちろん、売れ残っている物件にはそれなりの理由があるわけです。でも考えてみてください。一つの欠点もない100%の物件など、そもそも存在しないのです。

とはいえ、「駅前にあり利回りの高い物件だと、安く買うのが難しいのでは?」とあきらめている人も多いのではないでしょうか。

ですが、安く買えるのなら、例えば「大きく傾いている」という物件でも全く問題ないと私は考えています。たしかにこのケースは玄人向きですが、私は以前、600万円ほどで購入した物件が、購入翌日に倒壊したことがあります。

ただ、もともと家の壁の隙間から外が見えるような物件でしたから、まあこんなものかなと納得しました。階段を上ればパキパキという音がして、今にも折れそうな佇まいだったのです。しかも、そんな物件でも入居者はいました。

早く取り壊してほしいとご近所からの要望がありましたが、私はあえて再生したわけです。近所の方々など、「あの家を再生するのか?」と驚いていました。

この土地は相場でいうと、坪20万円は下らない場所でしたが、そこにボロボロのアパートが建っていたため安くなっていました。けれども、家賃は1戸3万円で、毎月計18万円入ってくる物件でした。しかも満室ですから、利回りで考えるとものすごく高いわけです。

では、そんな一見、優良物件がなぜ破格の値段で売りに出されていたのか。

理由は、やはり物件が古かったというのが大きかったと思います。

購入後、私は屋根に積んであった普通の瓦をすべて取ってもらい、軽くするためにカラーベストを貼り付けました。そして、今にも壊れそうな階段が問題だったので、鉄骨を組んで強化しました。

結果として、700万円くらいかかりました。しかし、それでも利回り10％以上でまわっています。更地にして売るという選択肢ももちろんあるので、自分としては大成功だったと思っています。

こうしたことは、購入前からある程度予測しておきます。

良い物件情報の集め方

物件購入にあたっては不動産情報を持っている人間をいかに数多く幅広く知ることが大事です。

不動産業者についていえば、大手だけがいいとも限りません。いろいろな人と付き合うことで情報が入りますし人脈も構築できます。

たとえ、どのような人であっても、その人しかできないことがあります。大きなことを言う人でも、ただ言うだけの人もいれば、それに自分を近づけようとする向上心のある人もいるものです。第一印象だけで判断せずにまずは付き合ってみましょう。

不動産に携わっている人間のほとんどは「自分の儲け」を重視します。

だから、どんな物件であっても自分が専任媒介契約で、仲介手数料が両手のときは良い物件だと考えます。

つまり、本当に良い物件か否かではなくて、自分にとって利益が多いほど良い物件、少ないほど悪い物件という判断です。

不動産業者は、このように利益第一主義であることが第一前提です。ですからお金の匂いがしないと相手にもされないというケースがあります。

そうした中でも、業者から見て「スゴイ」「この客には先がある」と思わせれば、手数料も引きますし、良い情報もくれます。初心者のうちにはなかなか難しいかもしれませんが、ビックオーナーになるとその部分が変わってくると思います。

取引が増えてくると調子に乗ってくる仲介業者、自分は良い物件を紹介してやっていると思っている業者、独り占めしたがる業者もいて、腹が立つことがあるかもしれませんが、1歩2歩引いた謙虚さを忘れず付き合ってください。

夫婦も恋人も同じですが、お互い気になる存在。気を使える存在であることがベストです。

また、購入の意思を表す買付証明書やCA（秘密保持契約）は慎重に書いてください。実際には何の法的効力もないのですが、弱みになることもあります。
契約書については以下に注意してください。

・瑕疵担保責任
・敷金、保証金（関西方式か関東方式）
・特約事項は絶対に確認
・告知義務違反（売るときには注意してください）

関西方式というのは敷金や保証金が込の売買価格という認識でこれらを買主へ引き継ぎません。対して、関東方式は売買価格とは別に敷金・保証金を清算します。これが、関西方式・関東方式の違いです。

物件情報を精査する

不動産業者からの情報というものは、とにかく売りたいがために良いことばかりを言うケースもあります。しかし、その物件が本当に良いものであれば、その不動産業者が購入しているでしょう。

しかし、不動産業者によっては信用や実績が僕自身より低いケースもありますし、その業者からするとスタイルが合わない物件かもしれません。

ただそのまま情報を受け取るのではなくて、その持ち込んで来られた不動産業者の状況や状態は必ず研究してください。

基本的には「良い情報」「美味しい情報」はないものと考えます。自己責任ですからよく考えてください。

いろいろな情報から自分自身にしかできない。もしくは自分の投資スタイルにあった情報を活かしましょう。

聞いた話ですが、「収益物件を持ちたいけれど、よくわからないから不動産業者にまかせた」という人がいるそうです。私は絶対に反対です。基本的にお金が絡みますので悪気がなくてもお金がほしいために、結果的に騙す形になることもあります。

いわゆる不動産投資家といわれる種類の賃貸オーナーは「売って儲ける人」が大半です。無理やりな高い家賃で強引に客付けをして、売り逃げするような不動産業者並みのことをやってのける人もいます。

不動産の収益を取りながら、高値が付いたら売る。そしてまた買う。こんなことは長続きしません。

また、そのような人の出口物件を買ってはいけません。

収益不動産ですから、長期保有できる入居率の良い物件。もしくは購入時はボロボロであっても、自身が手を入れて利回りの高い高稼働する物件に仕上げるのも良いでしょう。

月々の融資を返済して諸費用や税金を払って、手残りがいくらで納得できるかだと思います。あくまでも不労収入ですから、それを永続的に安定的に得られるような努力をしましょう。

空室対策……入居者への価値提供

なぜ、空室が埋まらないのか。

よくありがちなのが、管理会社や仲介業者に「部屋が古いのでリフォームをしましょう」と薦められ、その次は「広告料を上げてみましょう」、最後に「家賃が高いからですよ」と説得されて家賃を下げてしまうケースです。

このように、自分でしっかり検討しないまま、リフォームをしたり広告費を上げたり家賃を下げたりしてはいけません。

こうした案内を受けることは私も数え切れないほどありましたが、私の場合、まずはその物件はしっかり周知されているか調べます。

管理会社の自社のホームページはもちろん「スーモ」「アットホーム」など大手の賃貸募集サイトに掲載されているか確認します。場合によってはまったく掲載されていないこともあります。今の時代、インターネットで募集されていなかったら、入居がつくということはありえません。部屋にコストをかける前に、まずはきちんと情報発信されているかを確認して、その上で次の対策に進みましょう。

リフォームをさせて広告料を上げ、さらに家賃を下げたら入居が決まる……これは非常によくある話です。ただ実際は、その収益はすべて賃貸業者に入っています。

こうしたことを避けるためには、自分で勉強するしか方法はありません。リフォームが本当に必要なのか、代わりに家賃を下げたほうがいいのではないか、広告料を上げるといっても、そもそも募集をしているのか、などです。

こう考えていくと、結局自分で客付けをできる人が相当に有利であることがわかるはずです。

日本は人口減少が今後さらに加速していくと見られているため、どこのエリアで不動産投資を行なうのかは大きな問題です。

例えば地方の場合、一般的に空室率が高いといわれています。よく「究極的には家賃を下げるしかない」と言う人もいますが、そうなると、利益が減ってしまいますので現実的ではありません。

そのため、家賃をキープするために、入居者に対してプレゼントをしたり、初期費用の負担からフリーレントまで手段を選ばず試行錯誤しているオーナーも多く見られます。

私も先日、姫路にあるスーパー銭湯の物件を購入したのですが、グループの入居者さんは半額で入れるようなサービスを提案しました。また別の物件では、ドッグランを併設していますが、私の物件の入居者さんに対して無料で開放しています。いわゆるテナントリテンションです。

また私は絵画をたくさん所有しています。今後は私のコレクションを展示したギャラリーをオープンしようと考えています。もちろん入居者さんには、お得に楽しんでもらいたいと考えています。

空室対策は入居者の方々に対して価値を提供することが大切です。こうした取り組みをしないと、ビッグオーナーはおろか、地主にさえ勝てません。ただ地主の場合、物件の手入れをしている、設備投資をしているレベルはエリアによって異なります。そもそも、こうした対策をするなら、やはり多くの物件を所有しなければ費用対効果は悪くなります。

そういう意味では、一般の投資家が地方で勝機を見出すなら、ハウスメーカーの言いなりになって劣悪な投資をしている地主が多いエリアを選ぶべきでしょう。

私は、最終的に「家賃ゼロ」にしようと思っています。少なくとも自分の物件は、家賃ゼロにしても勝てるような戦略を組み立てています。

逆に言うと、私の物件には付加価値をたくさん付けているので、家賃を上げるのも難しいものではありません。例えば、ご要望があれば私はフェラーリやランボルギーニに乗って駆けつけ、写真が撮れる住民サービスも行なっています。

ペット可物件にして高稼働させる

私の場合、ボロボロの物件をよく購入するのですが、60平米、80平米の部屋を2～3万円で貸す代わりに「ご自身でリフォームなどしてください」と言うこともあります。稼働させなければ不動産投資ではないので、埋めるための条件はその都度考えています。

また空室率を下げるには、外国人やペットを飼っている人など、できるだけ幅広い層を受け入れるべきです。私の場合、むしろどんな人でも受け入れています。よく「ペットを入れると、室内の壁が爪でひっかかれたりして大変なことになる」という話も耳にしますが、私は幅広い層に入居してもらいたいため様々な工夫をしています。

また私は、ペット1匹当たり3000円（猫は5000円）をいただくようにしています。そして、私のペット可物件に入居される方が自由に使えるドックランもあります。決して安いとはいえないペット物件に住んでいただいている入居者に、腑に落ちるようなサービスを提供したいと考えています。

ペット飼育にあたってペット規約は特に設けていません。ただ、今後はペットの写真を撮って、厳しく管理するようにはしていきます。

例えばドッグランの場合、入居者さんの犬は無料ですが、その際の申告よりも数が多いと、その差額はきっちりともらうようにしています。代表的なのが、3匹しか申請を出していないのに、実は5匹も飼っていたケースです。

正直者が損するようなことがあってはいけません。前述のペット向けサービスを展開していけば不正が発覚するようになっていきます。

今、ペットを飼う人の割合は増えています。生活にゆとりがある地方の地主さんの中にはペットを嫌う人もいるので、投資家としては狙い所だと思います。

節税……税金に対する考え方。経費に対する考え方

基本的に、私は「買うことが最大の税金対策」と考えています。減価償却や消費税還付があるからです。

また、これはあまり声を大にして言えないのですが、「家賃を分解する」という方法があります。通常、「家賃」と呼ばれる名目の中には、共益費が込みになっていると思いますが、これを細かく分けると、消費税対策になるのです。消費税の割合が増えるので、還付として戻ってきます。

勘違いされる方が非常に多いのですが、これは合法です。簡単にいえば、募集時には「共益費」「駐車場代」をしっかり分けて記載して、帳簿上でも分けて計上するのです。

私の税金に対する基本的な考え方は、「必ず払わなければならない」というものです。

しかし一方で、税金を払うくらいだったら入居者さんに使ってあげたいとも思います。

例えば、心臓病で困っている入居者さんがいたら、その人のサポートになるようお金を出してあげたい。でも、税金はそこに使ってくれません。寄付も控除されますが、全額ではありません。税務署が認めてくれれば寄付になりますが、そんなことを言ったら、宗教団体に寄付して税金が落ちるということになってしまいます。

いずれにせよ、融資を受けるなら利益を出して税金を納めることが大前提になります。減価償却を利益とみなしてくれるかは金融機関にもよります。

例えば、司法書士への委託料や、なかには不動産所得税もプラスに見てくれる金融機関もあります。不動産所得税も、一時的に見れば、500万円払ったら翌年500万円はかからないわけで、決算上はマイナスになるものの、経費ではなく利益になります。つまり、減価償却と同じなのです。

同じようなことは、敷金・保証金の扱いにいえます。136ページで関東式・関西式を解説しましたが、実質的にはお金が出ていくわけですが、翌年もかかるものではありません。ただ、私の物件では、敷金を取らず、返さない保証金があるだけです。

ですから、金融機関と相談したうえで、減価償却を利益として見てくれるかを把握し、決算書や確定申告書を作成するのです。

これだけは言えるのは、金融機関は右肩上がりの決算書を望んでいます。ただ説明したように一時的な資金も利益です。これをしっかり説明できるかもポイントとなります。

金融機関を熟知する

金融機関を知ってください。金融機関の特徴から全体の状況を把握します。

その金融機関の預金量、貸出残高。とくに知るべきなのは、承認までのシステムです。また金融機関のクレジットポリシーがいくらか（例、預金量500億円で30億円など）。

それから、どのような案件が強いのかもリサーチします。

金融機関毎の特徴もありますが、その支店によるところが大きいです。とくに支店長の方針、担当者の力量などが深く影響します。

融資部、審査部がどこまでの権限を持っているか、現場経験がどれくらいあるかまで知ることができれば強いでしょう。

できれば、金融機関へは紹介を受けて訪れましょう。売買仲介会社のみならず、管理会社からの紹介、それ以外に知人、売主、リフォーム業者や税理士など、その窓口は何でも構いません。紹介者に対して恩義はありますが、基本は本人次第です。面談をして心に残る人間になれば、後が進めやすいと感じています。

現在の金融機関の状況をいえば、基本は個別案件ごとですが金融機関によっては金融庁の指導で不動産に融資をするより、その他の業態に融資をするような方向となっています。

基本的に金融機関が好む顧客は以下です。

◎**金融機関が好む顧客**

・新規で現金を持っている
・その他事業が順調で将来も安定している
・審査や洗い出しに時間がかからない
・決算書の数字がきれい
・不動産収益物件が0になってもその他事業で払える
・金融機関に協力的（定期・積立・投資信託・カードなど）

このような観点でいえば、私の会社は物件の数が多いうえに、否認材料が多く、洗い出しに時間がかかるため、担当者はともかく上席からは「他に行ってほしい」と言われることもあります。

いずれにしても、金融機関の担当もその上の上席、審査役員も人間です。だからすべてに共通することですが、とにかくやる気にさせることだと思います。

金融機関は基本的に否定から入るものです。こうした否定的な質問に対して納得がいく説明ができるかがキーとなります。金融機関の抱く不安に対して、安心をさせる材料や実績を用意しましょう。

また、相手が断りにくい状況をつくっておくことも大切です。ここでは日ごろからの預金・積立・年金などのお付き合いが効果を発揮することもあります。

さらにいえば金融機関の「目標月」を把握します。基本、金融機関は「9月・3月」で、次に「6月・12月」。ある信用金庫は「4～6月」など。できれば、自分が融資を受けたい金融機関の目標月を確認しておきましょう。

返済比率についていえば厳しい金融機関になれば、これに諸経費（固都税・管理費・掃除・補修・リース代など）を足したうえで、返済率は全体65％以下。初めての物件だったら50％以下となります。

そもそも金融機関はお金を貸して成り立つ業態です。それにもかかわらず、融資に対して非積極的な姿勢を見せるのは、バブル時代の再現になることを恐れているからです。基本的にリスクを考えるのが金融機関なのです。

だからより多くの金融機関から、融資ができる条件を探し出してください。また、様々な金融機関について、投資家の間でまことしやかな噂話が流れていますが、それらを鵜呑みにしないでください。

私の経験値でいいますと、支店長が本気で取り組んだ案件は70％以上の確率で融資の承諾を得ます。「本部がダメだといっています」は言い訳にすぎません。それは「支店長のやる気を出させていない」と認識してください。

諦めてしまう人も多いようですが、融資は「ダメ」からはじまることもあります。否定されてから、どうすればいいのか知恵も浮かぶものです。「なぜダメなのか？」を考えてみましょう。

物件でいえば、物件の残存年数（法廷耐用年数RC造47年／重量鉄骨造（S造）34年／軽量鉄骨造（S造）27年／木造22年）が大きく影響することもあります。

金融機関によっては、SRC造（S造・RC造と間違えないように）・RC造で47～50年。重量鉄骨造も5階以上でRC造と同じ扱いになったり、30～35年といった長期融資が出ることもあります。軽量鉄骨についても、重量鉄骨造と同じ扱いになるケースも見受けられます。

木造の法定耐用年数は22年ですが、住宅ローンは35年組んでくれるわけですから、金融機関次第に融資年数は変わっていきます。

鑑定士による鑑定評価、一級建築士による建物に対する耐久性や改装の意見書、金融機関指定の第三者機関（インスペクション）などを入れることで耐用年数や評価額も上がるときもあります。構造をいえば、新耐震（1981年6月以降）か旧耐震が基準となり、そこが融資に影響しやすいです。

その他、価格や利回り、金融機関からの評価、物件の種別（レジ・テナント・事務所）など複合的に関わってくるものです。

物件ではなくて、本人の状況でいえば、「現金・資産・本業」のバランスが重要です。リスク分散ができているかもポイントになります。

また、金融機関は「債務償還年数」（目安として一般は10年以内、不動産は20年以内）「正常運転資金」「資本比率」「平均耐用年数」を重視します。上記の数字が基準を満たしていると融資を取り組みやすくなります。基準は各金融機関によって変わります。

なお、金融機関から見て、取り組みが難しい条件を一覧にしましたので参考にしてください。

◎金融機関から見て取り組みが難しい条件

・人口が減るところ（ある金融機関はそこに本店があってもは融資をしない）
・学校・病院がない
・空き家が多い（タイプによっては満室の事もある）
・借入総額が5億円以上あって借入日が近い
・借り入れが多い
・耐用年数と耐久年数の率が悪い
・返済比率が高い（60％以内）
・所有物件に特殊物件が多い（レジャー、テナント、事務所ビルなど）
・本業と収益バランス

・現状所有物件の状況と環境
・謄本の購買先が代わってばかりいる（転売目的の物件）

融資への考え方

私は基本的に金融機関が融資をしてくれる物件しか購入しません。

ただ往々にして、問題は見に行かないとわからないことから生じます。ですので、初心者の方はとことん見てから購入を考えるのがいいと思います。

私が不動産投資をはじめたとき、金融機関は今と違ってサラリーマンを顧客として相手にしてくれませんでした。

ただ、考えてみてほしいのです。自分の財産を家賃収入という形で払ってもらえるというのは、とても特殊なことです。自分の借金を他人が払ってくれるのですから。

仮に50万円のローン返済のうち45万円しか家賃収入がなかったとしても、自分が購入した商品に対して、たった5万円の支払いで済むというのは普通ではあり得ないことです。

ただ、最近のサラリーマン大家さんは、家賃収入からキャッシュフローまで得られると当たり前のように考えています。

よく書籍では、「いかに長く期間をとり、低い金利で融資を引けたか」を自慢する投資家がいます。

一方で、私は金利3～4％で借りています。

ただし、５００億円以上の資産を持っているわけです。金融機関の立場からいえば、ゼロからはじめる人に1％くらいで融資をするのと、私のような投資家に3～4％の融資をするのなら、間違いなく金利が高く、かつ資産がある後者（私）を選ぶはずです。

そもそも金融機関が1％で貸さなければならない諸事情もあるわけです。

それを考えないまま「入居者や金融機関がリスクや負担を負うのは当たり前」と考えるのは、よくありません。「貸してくれて当たり前」という感覚は、じつは錯覚だということにどうか気づいてください。

ほんの10年前は、どこの金融機関も融資をしてくれませんでしたから、一つの物件を購入するのにも本当に苦労しました。それが本来であれば前提なのです。

しかし市況がよくなるにつれ、「フルローン・オーバーローンが簡単に借りられる」と勘違いするサラリーマン大家が増えた気がします。そして、今また金融庁の通達やシェアハウス投資のトラブルの影響を受けて、融資の門は閉じようとしています。

融資の際は、金利交渉をしてもいいと思います。ただし私のような信用が低い人間は、相応の立場を踏まえて対応すべきだと考えていました。

だからこそ、限界まで借り切った金融機関しか金利交渉をしようと思いません。

これから融資をしてくれる見込みのある金融機関には、金利交渉をしたことがありません。それを行なうのは愚策だと考えています。

低金利で借りている皆さんは、金利が上がるリスクがあると考えてください。金利というものは基本的に自由金利ですから、いつだって金融機関は金利を上げられるのです。金融機関からすれば、0・1%の金利を上げただけで利益が大きくアップします。この先、金利が下がる可能性、上がる可能性で考えれば、上がる確率の方が高いでしょう。

経費の計算もする

ここでは、経費の計算方法について紹介しましょう。

例として、家賃5万円の20平米のワンルーム（A）と70平米の家賃10万円のファミリー（B）で比較してみましょう。平均居住年数はそれぞれ2年、8年とします。（A）の収入は480万円。コストを差し引いた手取りが356万円です。同じワンルームで手取りがこれだけ違います。

経費の計算が甘い人はたくさんいます。入居が入ってからの計算をして、それ以前の計算はおろそかになりがちです。

計算をしたうえで、ワンルームにするのかファミリーにするのかを選ぶ必要があります。ただ、実質50戸のワンルームに対して15戸のファミリーのほうがいいわけです。

これは先ほど主張したことと相反しますが、所有するには数の多いほうがパワーもありますが、管理においては戸数の少ないほうが手間はかかりません。

ですから、理想はファミリー物件をたくさん所有するのがベストということになります。

単身向けの場合、何かの工事をする際にも日程を合わせるだけで苦労します。

これがファミリーだと、誰かしら家族がいるため調整がしやすいのです。

経費の計算をするとき、家賃10万円のファミリー物件で実収入が1戸あたり480万円だとすると、広告費40万円というのは1年間で家賃に対して4倍かかっているわけです。管理費の24万円は一棟あたりの値段で、リフォームを4回しているので1回15万円の計60万円になり、実収入は356万円です。
（B）の収入が960万円に対して、広告費が10万円、管理費が24万円、リフォームが50万円、実収入876万円×10倍。これ、両方とも15かけたら差が出ます。
その他の売上としてプロパンガス、自動販売機、保証会社からのバックなどがあり、入居人数に比例します。

また、ファミリーのほうがトータルで見た場合、外壁も含めて傷みづらいといえます。水回りはファミリーのほうがよく使いますが、プロパンガスであればサービスで直してくれます。

広さが「強み」になる

潰れるリスクでいえば、平米数が広い部屋をたくさん所有している人は、さらに低いと思います。もちろん、部屋が狭いほうが数を増やしやすいわけですが、私が持っている1部屋当たりの平均平米は、54・2平米くらいで広めです。

一部屋が狭いと原状回復の金額が重くのしかかりますが、逆に広いとリフォーム費がかかるものの家賃でとれやすいという違いがあります。

ちなみに、私が所有するワンルームの平均入居期間は1年3カ月なのに対し、60~70平米のファミリー物件は6年半です。それだけ長く入居してもらえば、リフォーム代がかかっても十分投資として成り立ちます。

知り合いの投資家さんでも、ワンルームは入退去が多すぎて手放したという人は珍しくありません。更新時に半分抜けて、原状回復でお金がかかるので苦しかったそうです。私も空き家が長く続けば気が重くなります。

ただ、２００平米クラスの広さになってしまうと、逆に借り手のパイが減ってしまいます。そういう意味では、60～70平米くらいが家賃も手頃で一番入居率が高く、入居期間も長くなるのでオススメです。

ここで皆さんにお伝えしたいのは、「お部屋が広ければ何とかなる！」ということです。普通に考えて、人口が急激なスピードで減っていく中、狭い部屋と広い部屋で同じ家賃で同じ立地にあれば、どちらに住みますか？

どこまで家賃の値下げが進もうとも、やはり広い部屋に住みたい需要があると思いませんか？

今、新築で建っている物件も20年後には中古物件です。もっと競争力のある物件が出てきます。そのとき、18平米の新築と18平米の築20年であれば、誰だって新築のほうを選ぶに決まっています。

それでも築20年と築40年であれば、そこに新しさが求められるわけでもないのです。広くて安い物件が選ばれます。

地方の場合、家賃10万円を取れる物件は限られています。そもそも、同じ10万円でも、もともと18万円だった物件がある一方で、もともと12万円だったという物件もあり、格差が大きいといえます。

私の物件で最も多いのが70~80平米で、平均すると54・2平米を4903室所有しています。所有戸数が増えると、リスクヘッジができますし、1部屋あたりの稼ぐお金も増すので、同じ労力をかけるなら広いほうが費用対効果は大きいといえるでしょう。

数の力は圧倒的に強い

ちなみに私は「低家賃」を目指しているので、相場が10万円だったら8万円に、相場が8万円だったら6万円にしています。お客さまから多額の家賃を取ろうという考えが、あまりないのです。

自動販売機の缶ジュースでいえば、去年だけで471万本を売っています。1本当たりいくばくかの手数料が入りますが、ちりも積もれば山となります。

これと同じことは経営するスーパー銭湯でもいえます。1日に1000人、月にして30000人のお客さんが来てくれたとして、そのうちの半数がジュースを買ってくれれば、月15000本、年間で18万本が売れることになります。

もちろん、自販機を1台置いただけではこのレベルまで到達できません。しかし、私のように450万本売るようになると、ジュースメーカーとしても無視できない数字になるので重宝される存在になれます。

これは、プロパンガス会社でも同じことがいえますし保証会社も同様です。私のようなビッグオーナーであることのメリットとして、いろいろ融通が利くことはありますし、様々な手数料の収入があります。

本来であれば、オーナーではなくて管理会社が受け取る手数料も私の元へ入ってきます。どうして管理会社がこんな不利な条件を飲むのかというと、それは数の力としか言いようがありません。この条件が飲めないのであれば、別の管理会社を選ぶだけです。それくらい数の力は偉大なのです。

その他でいえば、家賃の振り込みでも融通が利きます。本来6月の家賃であれば、6月末までの入金となりますが、それを特別に5月25日に全額振り込んでくれる保証会社もあり変更途中です。

このように、数の力というのは非常に大きいものがあります。

これらはサラリーマン時代に身をもって学んだのですが、私が以前勤めていた新聞の販売会社は、発行部数のシェアを大きく占めていました。そうすると販売店の中でも大きな力を持ちます。それ以来、ずっと数の重要性は意識していますし、インフラも作れると思っています。

例えば、日本では2層目の岩盤を割ると、とてもキレイな水が出るのですが国が飲料水として認めていません。ミネラルウォーターと飲料水に分かれるのですが、後者の場合、水道水になるので塩素など薬品を加えるなど制限が厳しいのです。そこでミネラルウォーターという名目にすれば、値段をつけて販売ができるようになりますので、ビジネスチャンスがあると考えています。

私はインフラ整備を熱心に勉強しました。これは将来的な夢ですが、私が所有する物件に住む入居者さんに対して、水道・電気・ガスすべてをまかなおうと思っています。

プロパンガスは業者に任せ、電気は太陽光でカバーし、水道を自前で対応しようと考えています。最近は、電気は自由化の流れが強まっていますから、決して荒唐無稽な話ではないでしょう。もし、地震など災害が起こったら私の物件を拠点にしてライフラインを供給できると信じています。

なぜ、私がここまで規模拡大したのか

私は、競争率の激しい物件を購入しません。そもそも、物件は誰かと競争して買うものではないと思っているからです。

そして、物件は見に行きません。見たら全部買ってしまうからです。周囲からも「見に行かないでください」と言われています。

私の場合、たとえ安くなくても、見たら買ってしまいます。見てしまうと、その物件への想いが生まれてしまうからです。それを買わないのは、自分として一番納得がいかないのです。とはいえ、以前であれば少々高値で買っても、所有物

件全体からカバーができるので問題ないと思っていたのですが、今は厳しくなりつつあります。

そんな中、現在の私は442億円（6月末現在）の借金を抱えています。なぜここまで買い増やしてきたのか。それは、売りに出されて気に入ったものは、すぐに買ってしまうからでしょう。そして一度購入した物件は売却しないからです。売るという選択は簡単ですが、売らない選択は難しいものです。それでも私は絶対に売りませんでした。

ここまで規模を大きくできたのも、シンプルに考えて買い続けてきた結果だと思います。

みなさん買う前にリスクばかり目を向けていますが、入居者がきちんと家賃を払ってくれる物件を買ったらいいだけの話です。それ以上でも以下でもありません。

もちろん、修繕が発生することもあるでしょう。でも、それはそれで仕方がない。リスクを背負うということは数を増やせばヘッジできます。

良い仕事をするには

初心者の方は、「目標」を見極めるべきです。例えば、いくらの年間家賃年収を目指しているのか。それが2000万円なのか3000万円なのか。それだけの年収を得て何をしたいのか、などを考えておきます。

私の場合、19歳から新聞の事業所の経営にかかわっていたので、従業員がいたわけです。彼・彼女たちに給料を支払わなくてはならないのですが、新聞の事業以外でも稼いで安定したかった……そうなると大家業がふさわしいと考えました。

このように、これから不動産投資を始めるにあたっての目標を決めて、それを実現させるための融資を出してくれる金融機関と付き合う必要があります。

加えて、サラリーマンのときに実践することが大切です。

私が新聞業界で成果を出せたのは、大家業があったからだと思っています。上司に媚を売る必要もなく、「いつ辞めてもいいんだ」と思えたからこそ、いい仕事ができたと感じています。

私は5年前の40歳までサラリーマンでした。最高の年収は5000万円以上あったと思います。退職するときは3000万円くらいありましたが、従業員がいたので「絶対に食わしていかないといけない」という使命感がありました。そのためには自分がまず安定する必要があったのです。そこまで考えていたからこそ、社長とこれ以上言い合いをしたくないと辞められたのです。

社長は私が大家業をしていたことを知っていましたが、ここまでの規模とは知りません。この人は家業を継いだ4代目の社長で、私のように自分の言いなりにならない人間に対してうっとうしく感じていたのだと思います。

プロ野球で活躍する選手はキャッチング、バッティングなど技術面ではさほど違いがないといいます。

では何で変わるかといえば、「心」です。そして健全な「心」を維持するためには、生活を安定させる必要があります。

例えば、大家業で1億円を稼げていたら生活が安定しているので、インコースの球でもデッドボール覚悟で踏み込んで打てるかもしれません。ピッチャーならば150キロの球を、1回から9回まで全力で投げられるかもしれません。ケガをしたら……など心配していたら、なかなか全力では取り組めないものです。全力で勝負をして勝ち上がっていくプロ野球選手は、全員がレジェンドになれると思います。

同じように、私も生活が安定していたからこそ、辞めてもなんとかなるという自信があったわけです。

とはいえ実は、前職にいたとき、「一生この会社にいよう」と望んでいました。ただ、解雇通告を受けたので辞めただけです。

私は勤めている会社が好きだったので、潰れてしまうのでは危惧してからは、「○○しましょう」「○○はどうですか?」など、半ば強引に提案をし続けていました。しかし今になって思うのですが、やはり自分の手の届く範囲で、自分がやりたいようにやっていきたいと思っていました。

また良い仕事ができるようになれば、家族への接し方も変わってきます。事業で成功した人でも、自分の妻に対して下に見ているような方もいます。「成功したんだから、奥さんに宝石でも買ってあげたら」というと、「うちのはそんなタイプじゃないんです」と謙遜まじりでいうようなタイプです。

もし、奥さんが贅沢を望まないのであれば、それは奥さんが賢いのです。奥さんはダンナさんへの限界を知っているから「分不相応なことを望んでいない」のです。

その人の能力がそこまでだから、それ以上の暮らしを望まないということです。どうか成功したら家族……とくにパートナーである奥さんには、しっかりと還元してあげてください。うちなどは私よりも妻の方が良い車に乗っているくらいです。

第5章

新聞少年が
4903世帯の大家になるまで

～夢を実現させるために、やり抜いてきたこと～

16歳で新聞販売店に就職

最後になりますが、私のことをご存じない方のために、私がこれまでどのように不動産投資を進めてきたのか、その軌跡をご紹介したいと思います。

まず、現在の投資規模から説明しますと、2018年6月末現在、総戸数4903世帯を所有しています。その内、私の地元である兵庫県姫路市に所有しているのが2307世帯です。駐車場は2375台あります。所有している物件の土地面積は17万平米を超えています。入居率は90・01％です。

家賃収入は月間3億5850万円。それ以外に自販機、太陽光電、コインランドリーその他でも売上があります（月間約3500万円）。総収入は月間約4億円。

借入総額442億6160万円、返済額2億2896万1282円。返済率は63・87％（理想は50以下）です。

平均利息は3・23％で、読者の皆さんからすると高いと思われるかもしれません。裏を返せばこれだけの利息を払っていても、問題なく回っており体力があるということです。わが会社は利息を下げたり期間を延ばしたりできますが、あえて条件交渉を行なっていません。なお平均返済借入年数は20・91年で残返済年数は17年です。

利回り9・72％（借り入れ利回り12％以上。その他収入を入れて15％を目指しています）。

さて、私は姫路市の飾東町（セントラルパークの近く）で生まれ育ちました。両親は事業を営んでいましたが資産家でもなく、小学校の時には両親の会社が破綻して苦しい生活を強いられました。家の電気やガス・電話などが止まったこともありますし、「金返せ」と張り紙もされたこともあります。

そして私は16歳から新聞販売店に就職しました。これだけ聞くと家の都合で高校を進学できなかったように思われるかもしれませんがそれは違います。私は根っからの勉強嫌いで進学する気持ちがまったくなかったのです。

新聞配達や集金から始め、19歳で小さい店の管理者（店長）として店を持たせていただきました。新聞業界では評価をいただくぐらい頑張り、褒められ表彰もされましたし、それに伴って収入も上がりました。

しかし、人というのは不思議なもので、私は収入が上がるほど将来への不安がどんどん強くなっていったのです。

経済的安定のため「ビックオーナー」を目指す

不動産へは20歳ぐらいから興味を持ちはじめました。

不動産賃貸業を創業した理由は、将来性のない新聞事業に対して「衰退産業を生き抜く能力が自分自身にない」と判断したからです。

簡単にいえば、能力のないものがどうしたら生きていけるか。

こんな私にもついて来てくれるスタッフをどうやって食べさせていけばいいのか。

そう思って一生懸命考えたところ、お金に余裕があれば「良い人」になり、「良い仕事」ができるのだと気づきました。

このインターネットが普及した現代で、新聞という媒体を必要としない人も増えています。新聞は生活が苦しくなれば、まずコストカットの対象になりやすいものです。

その新聞業界とは別にキャッシュポイントを作ろうと考えたときに、どこかで「人が生きていく中では〝衣食住〟が基本」と聞いたことを思い出しました。

〝衣〟はすぐ無理だと判断しました。〝食〟は私の体を見ていただいたらわかるように、食べるのは好きですが、これも無理だなと思いました。どちらも経営能力が問われ、生半可に関わってはいけないように感じました。

その点〝住〟に関していえば、私の能力ではなくて、建物に能力があれば行けるのではと思いました。

しかし、不動産業を行なおうにも資金がありません。不動産業者にツテはないですし、なんとなく恐そうなイメージがありました。

とりあえず、不動産について勉強をはじめました。

不動産業者の種類を大きくわけると「売買」「賃貸」の2種類になります。

さらに「売買」を分けると、田んぼや現在建っている家一つずつ交渉し大きな土地にして宅地分譲業者さんや新築マンション業者に利益を乗せて売るような「地上げ屋」。中古住宅、中古マンションの仲介をする「売買仲介」。土地活用・資産活用を名目に地主にアパートや駐車場を建てさせて管理する「アパートメーカー」。これらの「売買」は素人がいきなりはじめるのは難しいと感じました。

次に「賃貸」を検討することにしましたが賃貸不動産の収入は、「賃貸管理」です。

都会には「賃貸仲介」を専門にしているような業者もありますが、地方で「賃貸仲介」でやっていくには毎月安定収入がないように思えました。「賃貸管理」については、地方でも可能ですが、長年経営している地場の会社がライバルとなるため、競争が激しく難しいように思えました。

そこで目を向けたのが「賃貸オーナー」です。当時、私のまわりを見たところ、戸数を持っている大家さんたちは、長く繁栄しているように見えました。

それも戸数は100より200、500、1000とその所有規模が多くなるほど苦戦している確率が少ないのです。そこで、私も賃貸オーナーになって数を持つことができれば、安定するのではないかと考えました。

私は不動産賃貸業で、ビックオーナーを目指すことを決意したのです。

当時の私の状況はといえば、20歳という年齢ながら給料はすでに年収1000万円近くありました。月々の給与は35万円程度でしたが、500万円ほどボーナスをもらっていたのです。

融資が通らず、1棟目を現金で購入！

はじめて物件を購入したのは23歳のときです。

当時はまだインターネットがありません。そのため賃貸物件の情報といえば、新聞チラシに掲載されているものが主流となります。

片っ端から不動産会社に問い合わせましたが、まったく相手にしてくれませんでした。

そこで、まずは事業計画書を作り、金融機関に持ち込みましたが、そこでも相手にしてもらえません。

簡単にいえば、「客として見てもらえない」のです。考えてみれば、20代の若造で何のツテも実績も資産もないのですから、当然といえば当然です。

本当はその金融機関に付き合いのある力の発揮できる紹介者がいたら良かった

でしょう。

そこで、融資を受けることを諦めて、現金で1棟目の物件を購入しました。どんな物件か一言でいえば「廃墟」です。ボロボロの状態で買って、しっかりとリフォームをしました。物件は現金で買っていますが、リフォーム資金の融資を受けています。

大規模修繕をしたのはすでに20年以上前になりますが、しっかり手を入れたこともあり、いまでも満室稼働しています。その後、屋上に太陽光を設置して、さらに収益を高めています。

購入さえできれば、なんとかなるのが不動産のいいところだと思います。私は1棟目からそれを実感することができました。

幸福を得るためには行動をする

　こうして不動産オーナーになったところで、不動産業者も金融機関も少し態度が変わりました。

　そこから私は、ひたすら物件を買い続けます。購入した物件を決して売ることはせずに、所有して家賃収入、その他、手数料収入を得ています。このようなシンプルなやり方で、ここまでやってきました。

　今は不動産投資の情報が溢れていますから、これから始める人は迷ってしまうことも多いと思います。たしかに不動産投資の手法は複数あり、どれが正解とは言い切れない部分も多いです。

　私がお伝えしたいのは、「まずは買うこと」です。買って不動産投資をスタートさせましょう。そして、自分の夢を持ちましょう。

夢ができたら目標ができる
目標ができたら、目的ができる
目的ができたら、思いができる
思いができたら、考えが浮かぶ
考えができたら行動につながる

自分の人生において幸福を考えたときに、それをどれだけ人に与えたか、どれだけ伝えたか、それによって自分の幸せの大きさが決まります。

今日を生きて明日を幸福にするためにどうすればいいのか。

一年後の幸福を得るために今日何をするべきなのか。

これは明日も一年後も十年後、死ぬときも、幸福になるためにも今すぐに行動することが大事です。夢は大きく、やることはコツコツと。まず一歩動き出すことで幸福に近づけるのです。

あとがき

本書を最後までお読みいただきまして、ありがとうございました。

第1章にも書きましたが、やはり今も昔もキャピタルゲインよりインカムゲインの方が簡単に生き残れると感じています。

私がこれまで見た中でいえば、キャピタルゲインは長続きしません。キャピタルゲインを取りに行って潰れている賃貸オーナーを何人も知っています。

最近は私の元へセミナーや講演の依頼が増えています。また、証券会社や金融機関のM&A部が頻繁に訪れては、提携話やファンドやリートの話をしてくれるところを見れば、評価は確実に上がっていると確信しています。

最近は若い子でも将来の夢がまったくない人、欲がなく諦めて生きている人が多いように感じます。それを寂しく感じています。

夢はどんなに大きくても、やることは変わりません。ただコツコツと積み上げていく。簡単にいえば1億円を貯めるには、やはり1円ずつ貯めていくのが確実だということです。

人生は何をして生きるのか。
誰と生きるのか。
どこで生きるのか。

最近、様々な賃貸オーナーと接する機会を得て、オーナーの中にも大きな貧富差があることを知りました。
また一部のオーナーではありますが、道を間違って失敗を重ねている人も見受けられます。

自身に余裕のある人は、しっかり動ける人です。遅刻に対して厳しい人は多いですが、遅刻同様に提出物も期限を守ります。意外と提出物を遅れる人は多いものです。

約束した期限を守る、誠実である……こうした裏技ではない王道のやり方をすることをオススメします。

繰り返しになりますが、不動産投資で成功したければ、行なうことはシンプルです。行動を起こしてコツコツと積み上げていくこと。1棟ずつでも購入して売却しなければ物件は増えていきます。購入する人の元へは新たな情報が入ります。

購入し続けるためには、常に物件を高稼働させて、収益を上げ続けなくてはいけません。そのためには、不動産業者、金融機関、売主、入居者のことをよく知ってください。

いろいろ嫌な思いもするでしょう。心が折れそうになることもあるでしょう。それでも、諦めなければ、必ず願いが叶います。

どんなに小さなこと、逆に大きなことでもいいですから〝志〟を持ってください。

私の志は、現在賃貸オーナーと入居者があまりにも得がないのに対して、賃貸業者がかなり儲けています。この構造を変えたいと考えています。

最終的には賃貸オーナーが強い状況になるようにしたいと思います。

なお、自身の今年度の目標は5500世帯。3年後は1万世帯。5年後に1万5000世帯。10年後は5万世帯、借金5000億円、収入月50億円です。

そして、同じ志を持った人間との出会いの場を作りたいと考えています。皆さんと共に幸福が得られる道を歩んでいくことができれば幸いです。

2018年6月

大川護郎

【様々な会への所属について】

まず、私に入会のチャンスくれた皆さんにお礼を申し上げたいと思います。ありがとうございます。本当に感謝しています。私はチャンスがあれば様々の会や集まりに所属するようにしています。金融機関のセミナー、講演会、ゴルフの会、旅行にはできる限り参加します。また、その会で仲良くなった人たちの会やイベントにも参加するようにしています。すごく勉強になりますし、何処にチャンスがあるかわらないからです。私は新聞配達時代や不動産投資の初期のころ、学力、能力、お金はありませんでしたので、何度も悔しい思いをしました。少し騙されたこともありましたが、私には、人との出会いだけには運がありました。今まで出会った人たちに助けられたり教えていただいたおかげで、今の私があるのだと痛感しています。学力のある人や特殊能力のある人は、それだけで何段階も上のステージからスタートできます。皆さんも様々な人との繋がりを大事にして、大きく飛躍していかれることを期待しています。

〈私が入会している会〉

姫路広陵ライオンズクラブ
広陵会　ゴルフの会
大阪信用金庫　オーナー会
大阪信用金庫　昭和会
大阪信用金庫　九条会
大阪商工信用金庫　オーナーズクラブ
関西アーバン銀行　プラチナ倶楽部
大阪厚生信用金庫　オーナー会
大阪厚生信用金庫　厚和会
近畿産業信用組合　近畿納税経友会
ミレ信用組合　ビジネスクラブ
西兵庫信用金庫　にししん会
プレーヤーズ　大家の会
アンジェロ会　大家の会
加古川ゴルフ倶楽部　研修会
加古川ゴルフ倶楽部　イーグル会
商工中金　しらさぎ会
商工中金　ユース会
大阪商工会議所　会員
フェラーリ会　ＦＣＪ

〈所有会員権〉

芦屋　ベイコート倶楽部
エクシブ　鳴門　サンクチュアリ・ヴィラドゥーエ
エクシブ　六甲　サンクチュアリ・ヴィラ
エクシブ　鳥羽別邸
ジャンボ倶楽部
加古川ゴルフ倶楽部
関西ゴルフ倶楽部
福崎東洋ゴルフ倶楽部
生野高原カントリークラブ
グランディ鳴門ゴルフクラブ３６
ハイメディック
……ほか、多くの会に所属しています。

大川護郎（おおかわ・ごろう）

1972年生まれ。姫路市に育ち、小学生のときに親の会社が破綻、貧困生活を送る。16歳で新聞販売店に就職。23歳のときにコツコツ貯めたお金で不動産投資を始める。を肝に銘じ、23年で274棟4903室（2018年6月末現在）、家賃収入を含めた総年間収入48億円までに。全国セミナー等で「ゼロ家賃」構想を打ち立て大反響を浴びる。2018年にテレビ東京『仕事手帳』で特集が組まれるなど、急速にマスコミへの露出度を高めている。動画サイト「覚悟の瞬間」「ザ・プロフェッショナル」も好評放映中。

◎連絡先：Mail：info@angelo-group.co.jp
◎URL：http://angelo-group.co.jp

新聞少年《しんぶんしょうねん》が一代《いちだい》で４９０３世帯《せたい》の大家《おおや》になった秘密《ひみつ》の話《はなし》

2018年7月26日　初版発行

著　者　大《おお》　川《かわ》　護《ご》　郎《ろう》
発行者　常　塚　嘉　明
発行所　株式会社　ぱる出版

〒160-0011　東京都新宿区若葉1-9-16
03(3353)2835 — 代表　03(3353)2826 — FAX
03(3353)3679 — 編集
振替　東京 00100-3-131586
印刷・製本　中央精版印刷(株)

ISBN978-4-8272-1129-0 C0033